"매일 성장하는 **초등 자기개발서**"

완자

Q 왜 공부력을 키워야 할까요?

쓰기력

정확한 의사소통의 기본기이며 논리의 바탕

연필을 잡고 종이에 쓰는 것을 괴로워한다!
맞춤법을 몰라 정확한 쓰기를 못한다!
말은 잘하지만 조리 있게 쓰는 것이 어렵다!
그래서 글쓰기의 기본 규칙을 정확히 알고
써야 공부 능력이 향상됩니다.

어휘력

교과 내용 이해와 독해력의 기본 바탕

어휘를 몰라서 수학 문제를 못 푼다!
어휘를 몰라서 사회, 과학 내용 이해가 안 된다!
어휘를 몰라서 수업 내용을 따라가기 어렵다!
그래서 교과 내용 이해의 기본 바탕을
다지기 위해 어휘 학습을 해야 합니다.

독해력

모든 교과 실력 향상의 기본 바탕

글을 읽었지만 무슨 내용인지 모른다!
글을 읽고 이해하는 데 시간이 오래 걸린다!
읽어서 이해하는 공부 방식을 거부하려고 한다!
그래서 통합적 사고력의 바탕인 독해 공부로
교과 실력 향상의 기본기를 닦아야 합니다.

계산력

초등 수학의 핵심이자 기본 바탕

계산 과정의 실수가 잦다!
계산을 하긴 하는데 시간이 오래 걸린다!
계산은 하는데 계산 개념을 정확히 모른다!
그래서 계산 개념을 익히고 속도와 정확성을
높이기 위한 훈련을 통해 계산력을 키워야 합니다.

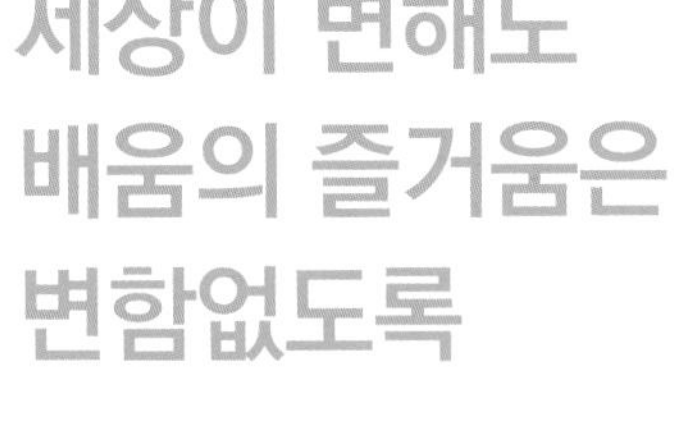

시대는 빠르게 변해도
배움의 즐거움은
변함없어야 하기에

어제의 비상은
남다른 교재부터
결이 다른 콘텐츠
전에 없던 교육 플랫폼까지

변함없는 혁신으로
교육 문화 환경의 새로운 전형을
실현해왔습니다.

비상은 오늘, 다시 한번
새로운 교육 문화 환경을 실현하기 위한
또 하나의 혁신을 시작합니다.

오늘의 내가 어제의 나를 초월하고
오늘의 교육이 어제의 교육을 초월하여
배움의 즐거움을 지속하는 혁신,

바로, 메타인지 기반 완전 학습을.

상상을 실현하는 교육 문화 기업 비상

메타인지 기반 완전 학습

초월을 뜻하는 meta와 생각을 뜻하는 인지가 결합한 메타인지는 자신이 알고 모르는 것을 스스로 구분하고 학습계획을 세우도록 하는 궁극의 학습 능력입니다. 비상의 메타인지 기반 완전 학습 시스템은 잠들어 있는 메타인지를 깨워 공부를 100% 내 것으로 만들도록 합니다.

한자 카드

카드를 활용하여 이 책에서 배운 한자와 어휘를 복습해 보세요.

※ 점선을 따라 뜯어요.

나눌 별

구별(區別) | 특별(特別)
이별(離別) | 별개(別個)

visang

높을 고

고층(高層) | 고속(高速)
고원(高原) | 최고(最高)

visang

셀 계

계산(計算) | 설계(設計)
계획(計劃) | 계량기(計量器)

visang

밝을 명

설명(說明) | 분명(分明)
투명(透明) | 명암(明暗)

visang

빛 광

광택(光澤) | 광복(光復)
채광(採光) | 태양광(太陽光)

visang

믿을 신

신뢰(信賴) | 신호등(信號燈)
신념(信念) | 배신(背信)

visang

눈 목

목표(目標) | 제목(題目)
주목(注目) | 목록(目錄)

visang

길 로

도로(道路) | 경로(經路)
미로(迷路) | 가로수(街路樹)

visang

이룰 성

성공(成功) | 찬성(贊成)
생성(生成) | 완성(完成)

visang

잃을 실

실패(失敗) | 손실(損失)
실수(失手) | 분실(紛失)

visang

※ 점선을 따라 뜯어요.

점선을 따라 자르세요.

바람 풍

풍력(風力) | 태풍(颱風)
풍선(風船) | 선풍기(扇風機)

visang

몸 체

고체(固體) | 단체(團體)
체험(體驗) | 생명체(生命體)

visang

약할 약

약점(弱點) | 약자(弱者)
강약(強弱) | 쇠약(衰弱)

visang

근본 본

기본(基本) | 표본(標本)
본래(本來) | 본문(本文)

visang

돌이킬 반

반복(反復) | 찬반(贊反)
반성(反省) | 반사(反射)

visang

정할 정

결정(決定) | 측정(測定)
고정(固定) | 긍정적(肯定的)

visang

옮길 운

운동(運動) | 운영(運營)
운반(運搬) | 운항(運航)

visang

자리 석

즉석(卽席) | 결석(缺席)
좌석(座席) | 참석(參席)

visang

다닐 행

행동(行動) | 행성(行星)
여행(旅行) | 비행(飛行)

visang

모을 집

모집(募集) | 시집(詩集)
집단(集團) | 수집(蒐集)

visang

점선을 따라 자르세요.

완자

공부력

초등 전과목

한자 어휘 3B

초등 전과목 한자 어휘 3A-4B 구성

한자 학습

3A	開 열 개	感 느낄 감	共 함께 공	代 대신할 대	表 겉 표
	近 가까울 근	多 많을 다	注 부을 주	身 몸 신	習 익힐 습
	公 공평할 공	分 나눌 분	音 소리 음	野 들 야	和 화목할 화
	交 사귈 교	國 나라 국	溫 따뜻할 온	通 통할 통	意 뜻 의
3B	計 셀 계	高 높을 고	別 나눌 별	光 빛 광	明 밝을 명
	路 길 로	目 눈 목	信 믿을 신	失 잃을 실	成 이룰 성
	弱 약할 약	體 몸 체	風 바람 풍	反 돌이킬 반	本 근본 본
	席 자리 석	運 옮길 운	定 정할 정	集 모을 집	行 다닐 행
4A	兒 아이 아	傳 전할 전	善 착할 선	性 성품 성	友 벗 우
	知 알 지	見 볼 견	思 생각 사	望 바랄 망	情 뜻 정
	品 물건 품	商 장사 상	產 낳을 산	價 값 가	賣 팔 매
	獨 홀로 독	害 해할 해	爭 다툴 쟁	約 맺을 약	終 마칠 종
4B	改 고칠 개	選 가릴 선	着 붙을 착	位 자리 위	要 중요할/ 구할 요
	雨 비 우	魚 물고기 어	洗 씻을 세	談 말씀 담	電 번개 전
	加 더할 가	觀 볼 관	比 견줄 비	建 세울 건	止 그칠 지
	能 능할 능	效 본받을 효	必 반드시 필	許 허락할 허	完 완전할 완

중요 한자를 학습하고, 한자에서 파생된
전과목 교과서 어휘의 실력을 키워요!

교과서 어휘 학습

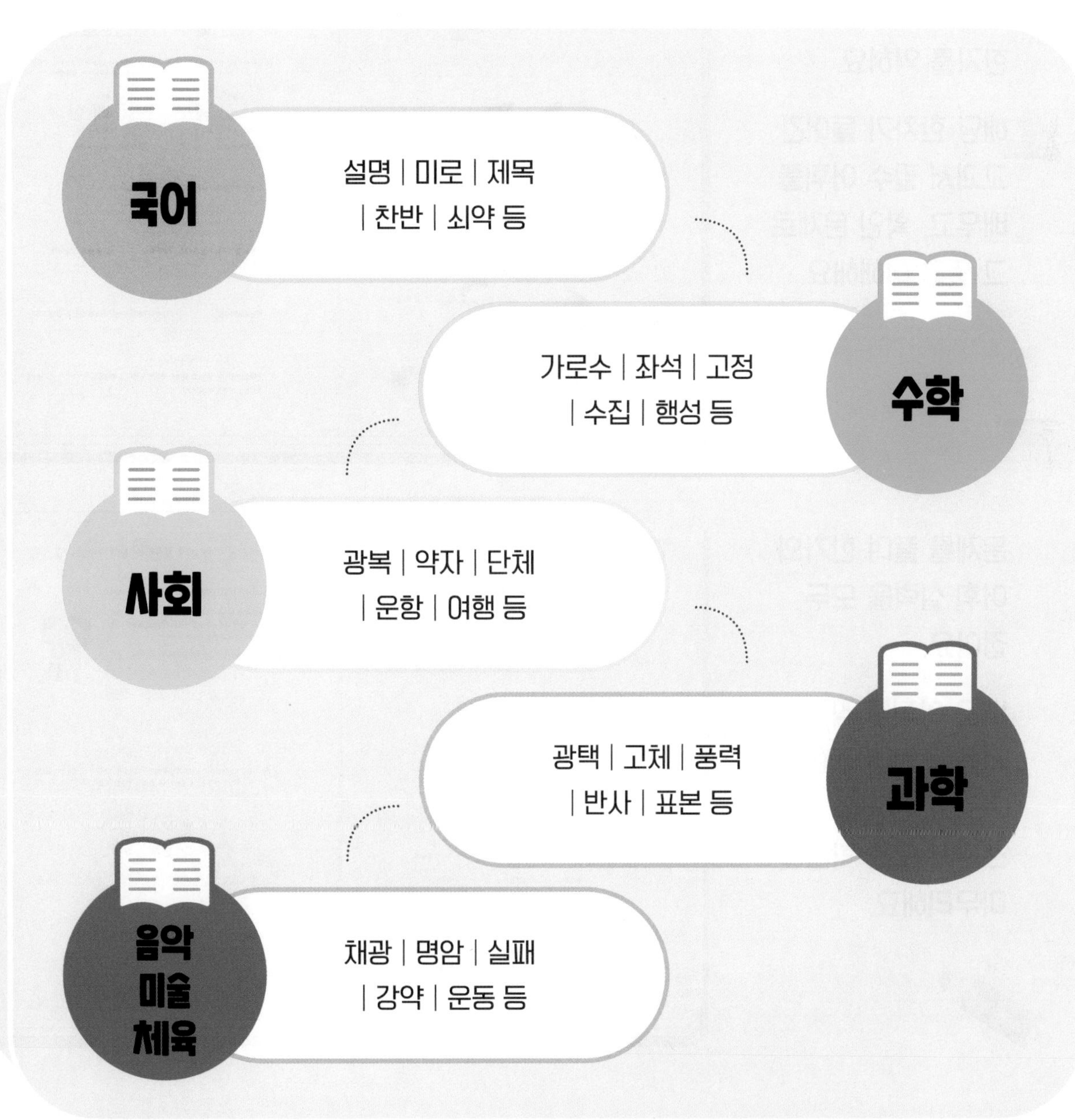

특징과 활용법

하루 4쪽 공부하기

* 그림과 간단한 설명으로 오늘 배울 한자를 익혀요.
* 해당 한자가 들어간 교과서 필수 어휘를 배우고, 확인 문제로 그 뜻을 이해해요.

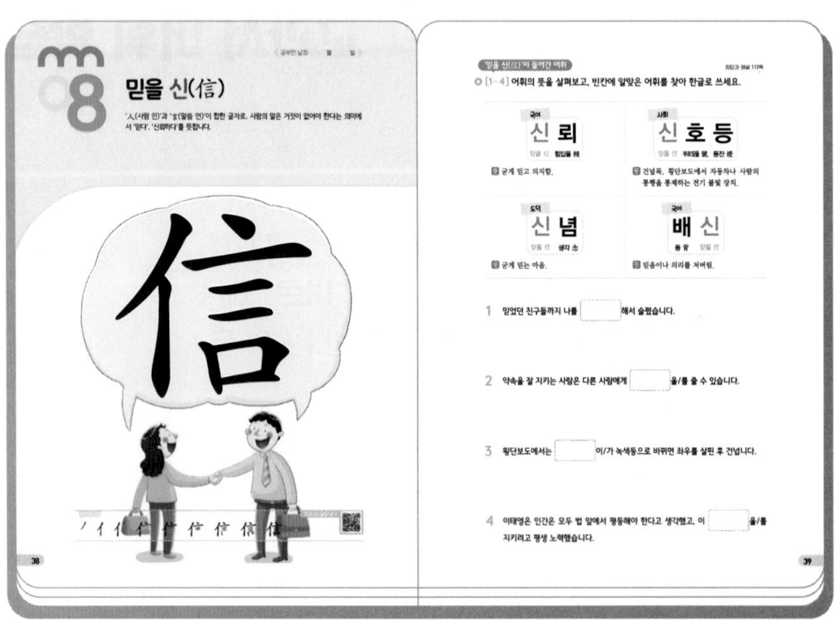
8 믿을 신(信)

신뢰

신호등

신념

배신

* 문제를 풀며 한자와 어휘 실력을 모두 잡아요.
* 배운 어휘를 직접 사용해 보며 표현력을 기르고, 한자를 쓰면서 오늘 학습을 마무리해요.

문제로 어휘力 높여요

글 쓰며 표현力 높여요

따라 쓰며 한자力 완성해요

- 책으로 하루 4쪽 공부하며, 초등 어휘력을 키워요!
- 모바일앱으로 공부한 내용을 복습하고 몬스터를 잡아요!

공부한 내용 확인하기

*5일 동안 배운 한자가 포함된 글을 읽고, 문제를 풀면서 독해력을 키워요.

*중요 한자성어를 실생활에서 사용할 수 있도록 배워요.

*다양한 어휘 놀이로 5일 동안 배운 어휘를 재미있게 정리해요.

모바일앱으로 복습하기

앱 다운받기

책 인증하기

*그날 배운 내용을 바로바로, 또는 주말에 모아서 복습하고, 다이아몬드 획득까지! 공부가 저절로 즐거워져요!

차례

한 친구가
작은 습관을 만들었어요.

매일매일의 시간이 흘러
작은 습관은 큰 습관이 되었어요.

큰 습관이 지금은 그 친구를 이끌고
있어요. 매일매일의 좋은 습관은
우리를 좋은 곳으로 이끌어 줄 거예요.

우리도
하루 4쪽 공부 습관!
스스로 공부하는 힘을
키워 볼까요?

《 공부한 날짜 월 일 》

01

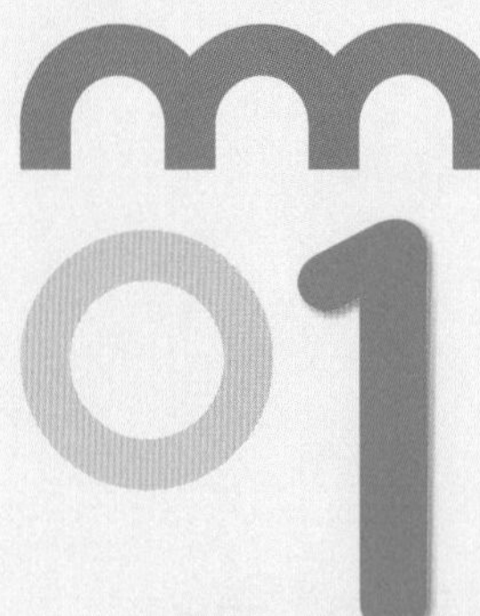

셀 계(計)

'言(말씀 언)'과 '十(열 십)'을 합한 글자로, 입으로 수를 헤아린다는 의미에서 '세다', '헤아리다'를 뜻합니다.

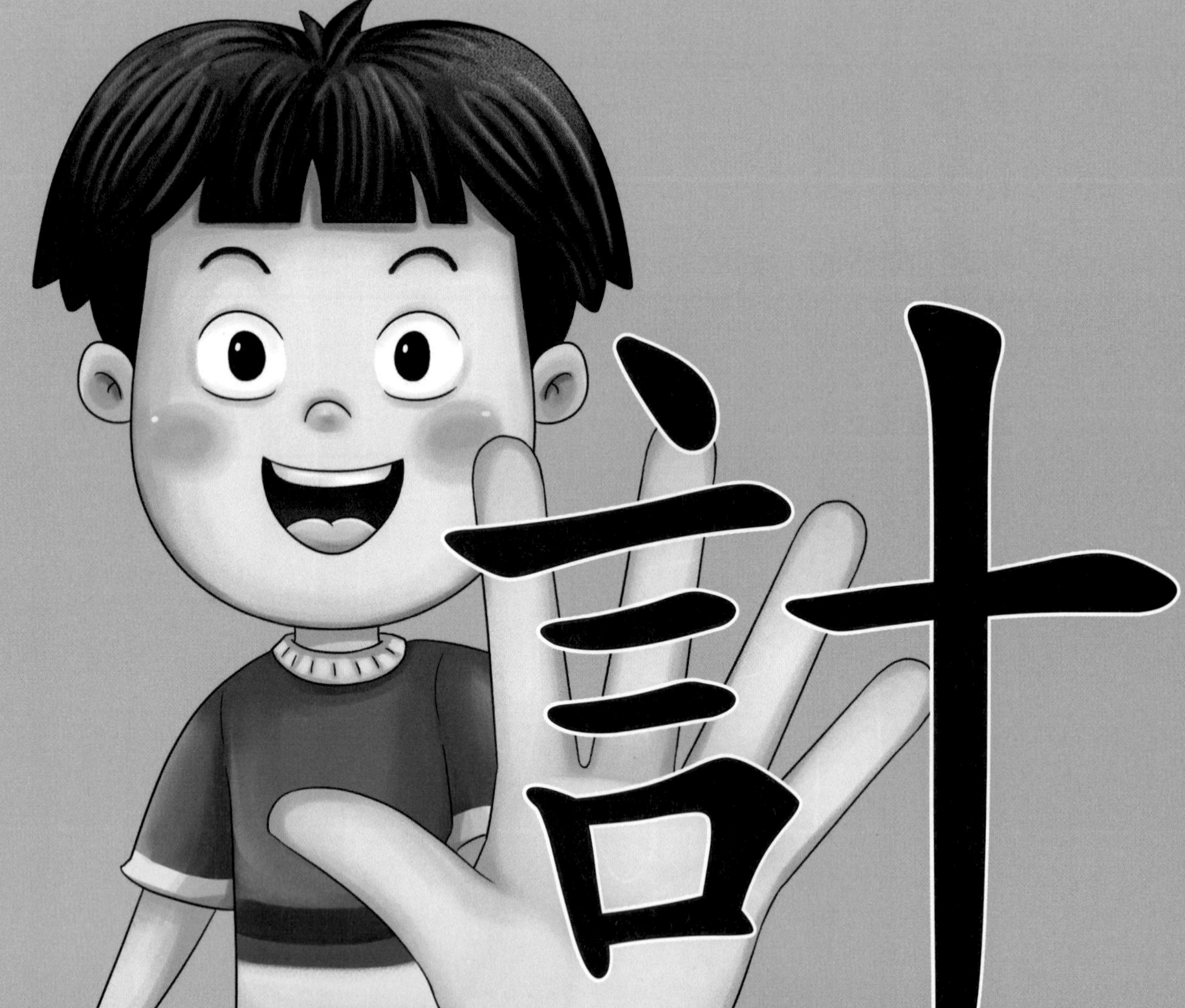

영상으로 필순 보기

丶 亠 亡 亡 言 言 言 言一 計

'셀 계(計)'가 들어간 어휘

[1~4] 어휘의 뜻을 살펴보고, 알맞은 예문을 찾아 선을 연결하세요.

뜻 ① 수를 헤아림.
② 어떤 일을 예상하거나 고려함.

1 나눗셈식을 보고 [ ]해 보세요.

뜻 ① 계획을 세움. 또는 그 계획.
② 건축이나 기계 제작 등의 실제적인 계획을 세워 제시하는 일.

2 한겨울에 물이 얼면 물의 부피*가 늘어나, 수도 [ ]이/가 파손되기도 합니다.

뜻 앞으로 할 일을 미리 자세히 생각하여 정하는 것.

3 윤한이는 자신을 발전시키기 위해 목표와 실천 [ ]을/를 세웠습니다.

과학

계 량 기

셀 計 헤아릴 量 그릇/도구 器

뜻 수량을 헤아리거나 부피, 무게 등을 재는 기구.

4 우리 생활에 필요한 물체를 창의적으로 [ ]해 만들어 봅시다.

문제로 어휘 力 높여요

1 빈칸에 '셀 계(計)'가 들어간 어휘를 쓰세요.

정미: 문구점 주인 아저씨가 1 [ㄱㅅ]을/를 잘못해서 거스름돈을 더 주셨어요.

엄마: 저런……. 실수로 수를 잘못 헤아릴 때가 있지. 다시 가서 돌려드리고 오자.

정미: 네. 잠시 후 할머니 댁에 갈 2 [ㄱㅎ]이었으니까 가는 길에 문구점에 들렀다 가요.

1 [✎] 2 [✎]

2 밑줄 친 곳에 '설계(設計)'를 쓸 수 없는 문장에 ✓표를 하세요.

㉠ 오늘 산 물건 값의 ________는 이만 원입니다. ☐

㉡ 친구와 함께 새 학년의 생활을 ________하였습니다. ☐

㉢ 저의 꿈은 달에서 살 수 있는 기지를 ________하는 것입니다. ☐

3 어휘의 뜻을 보고, '계량기(計量器)'를 사용하지 않는 상황을 고르세요.

계량기(計量器): 수량을 헤아리거나 부피, 무게 등을 재는 기구.

① 자동차를 주유할 때 ② 전류량을 측정할 때 ③ 수학 문제를 채점할 때

④ 전기 요금을 계산할 때 ⑤ 수도 사용량을 확인할 때

4 빈칸에 들어갈 수 없는 어휘에 ○표를 하세요.

우리는 이번 일을 해내기 위해 각자가 할 일을 치밀하게 [ ]하였습니다.

계산 설계 계획 계량

글 쓰며 표현力 높여요

정답과 해설 104쪽

'셀 계(計)'가 들어가는 어휘를 넣어서 글을 써 보세요.

우리 반의 학급비를 관리하는 총무가 되었어요. 숨겨 왔던 나의 수학적 능력을 십분 발휘하여 학급비를 알차게 사용할 계획을 친구들에게 이야기해 보세요.

도움말 계산, 설계, 계량, 계획, 통계 등에 '셀 계(計)'가 들어가요.

예 지난주에 학급비 사용 계획과 관련하여 설문 조사를 했어. 통계 결과에 따라 친구들이 가장 원하는 학급 문고를 먼저 구입하고, 남은 돈으로 맛있는 간식을 살게. 그럼 계산이 맞을 것 같아.

따라 쓰며 한자力 완성해요

오늘의 학습을 평가해 보아요. 부족함 보통임 잘함

높을 고(高)

높게 지은 건물을 그린 글자로, '높다'를 뜻합니다. 비유적인 의미로 '뛰어나다', '크다'라는 뜻도 나타냅니다.

高

영상으로 필순 보기

丶 亠 亣 亠 宀 亩 高 高 高 高

정답과 해설 105쪽

[1~4] 어휘의 뜻을 살펴보고, 빈칸에 알맞은 어휘를 찾아 한글로 쓰세요.

과학 **고층** 높을 高 / 층 層 뜻 ① 여러 층으로 된 것의 높은 층. ② 건물의 층수가 많은 것.	과학 **고속** 높을 高 / 빠를 速 뜻 매우 빠른 속도.
국어 **고원** 높을 高 / 언덕 原 뜻 해발 고도 600미터 이상인 높은 산지에 있는 넓은 벌판.	체육 **최고** 가장 最 / 높을 高 뜻 ① 가장 높음. ② 으뜸인 것. 또는 으뜸이 될 만한 것.

1 결승선을 빨리 통과할 수 있도록 끝까지 [　　　] 속도로 달려야 합니다.

'협곡'은 산과 산 사이의 좁고 험한 골짜기를 말해.

2 화성에는 높이 솟은 [　　　] 지대도 있고, 길게 뻗은 좁은 협곡*도 있습니다.

3 [　　　] 건물에 있는 전망대에 오르면 평소에 보지 못했던 풍경을 볼 수 있습니다.

4 오늘날 사람들은 승용차, 버스, [　　　] 열차, 비행기 등과 같은 다양한 교통수단을 이용합니다.

문제로 어휘力 높여요

1 **밑줄 친 글자가 '높을 고(高)'로 쓰이지 않은 문장에 ✓표를 하세요.**

- [ ] 희원이는 갑자기 고열이 나서 병원에 갔습니다.
- [ ] 가파른 숲속 길을 몇 시간 올라가니 넓은 고원이 펼쳐졌습니다.
- [ ] 가끔 할아버지께서는 우리에게 전쟁에서 겪은 고생담을 들려주십니다.

2 **밑줄 친 어휘의 뜻으로 알맞은 것에 ○표를 하세요.**

그 선수는 시작 신호와 동시에 경주로를 고속으로 질주하였습니다.

↳ 매우 (큰 소리 | 빠른 속도).

3 **빈칸에 공통으로 들어갈 어휘에 ✓표를 하세요.**

- 낮 기온이 금년 들어 [ ] 온도를 기록했습니다.
- 피곤을 푸는 데는 휴식과 수면이 [ ]의 방법입니다.
- 그는 자기 분야에 대해서 국내 [ ](이)라고 자부하였습니다.

☐ 고가(高價) ☐ 숭고(崇高) ☐ 최고(最高) ☐ 고령(高齡)

4 **다음 어휘와 뜻이 반대인 어휘를 선으로 바르게 이으세요.**

고층(高層) •

- • ㉠ 저온(低溫): 낮은 온도.
- • ㉡ 저가(低價): 시세보다 낮은 가격.
- • ㉢ 저층(低層): 여러 층으로 된 것의 낮은 층.

글 쓰며 표현力 높여요

정답과 해설 105쪽

‘높을 고(高)’가 들어가는 어휘를 넣어서 글을 써 보세요.

옥상 공원에서 친구와 이야기를 나누다가 집으로 가려는데, 이럴 수가! 복도로 통하는 문이 잠겨 버렸어요! 쾅쾅쾅! 문을 두드리다가 휴대 전화로 119를 부르기로 했어요. 전화로 이 상황을 뭐라고 설명해야 할까요?

도움말 고층, 고도, 고속, 고함, 최고 등에 ‘높을 고(高)’가 들어가요.

예 고층 건물의 옥상에 갇혔어요! 안쪽을 향해 고함을 질렀는데 사람이 아무도 없는 것 같아요. 어서 오셔서 우리를 도와주세요!

따라 쓰며 한자力 완성해요

高		高					
높을	고	높을	고				

오늘의 학습을 평가해 보아요. 부족함 보통임 잘함

나눌 별(別)

'冎(뼈발라낼 과)'와 '刀(칼 도)'를 합한 글자로, 제사 때 쓸 소의 뼈와 살을 발라낸다는 데서 '나누다', '헤어지다'를 뜻합니다.

別

영상으로 필순 보기

丨 ㅁ ㅁ 㫃 另 別 別

'나눌 별(別)'이 들어간 어휘

정답과 해설 106쪽

[1~4] 어휘의 뜻을 살펴보고, 알맞은 예문을 찾아 선을 연결하세요.

뜻 성질이나 종류에 따라 차이가 남. 또는 그에 따라 갈라놓음.

1 우리 가족은 명절이나 결혼식 같이 [ ]한 행사가 있을 때에 한복을 입어요.

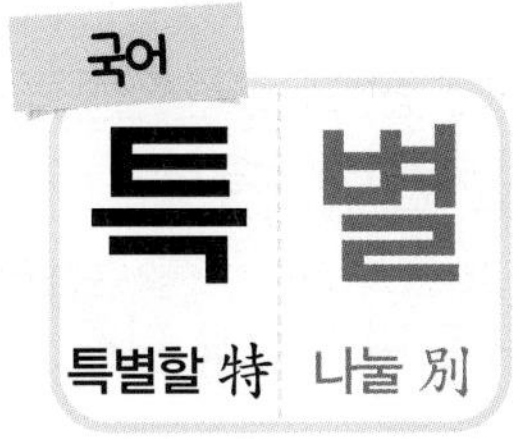

뜻 보통과 다름.

2 극 표시가 없는 막대자석의 N극과 S극을 [ ]하려면 어떻게 해야 할까요?

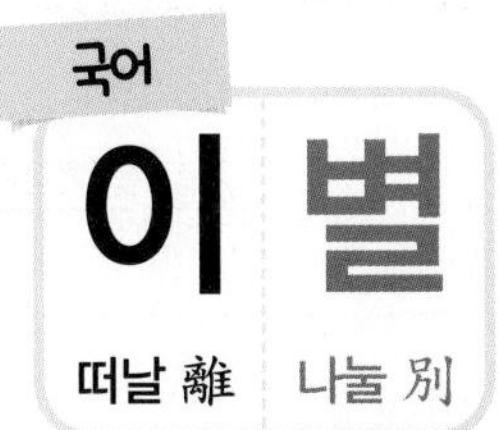

뜻 서로 갈리어 떨어짐.

3 운동을 잘하지 못해서, 마라톤 완주는 나와 [ ]의 일이라고 생각했어요.

뜻 관련성이 없이 서로 다름.

4 전쟁 중 가족이 서로 [ ]하여 만나지 못하는, 이산가족이 수없이 생겨났어요.

문제로 어휘 力 높여요

1

밑줄 친 어휘의 알맞은 뜻에 ○표를 하세요.

요즘 옷은 남녀의 구별이 없는 경우가 많습니다.

성질이나 종류에 따라 차이가 남.	상황에 따라 옳고 그름이 달라짐.

2

밑줄 친 상황에 해당하지 않는 것의 기호를 쓰세요.

내년에 우리 이별하게 되더라도, 우정은 변치 말자.

㉠ 서로 다른 학교에 감.
㉡ 성향이나 취미가 서로 다름.
㉢ 친구가 다른 지역으로 이사를 감.
㉣ 새 학년이 되어 다른 반으로 나뉨.

[ ]

3

밑줄 친 어휘의 쓰임이 어색한 것에 ✓표를 하세요.

- [ ] 나는 부자인 것과 행복한 삶은 별개라고 생각해요.
- [ ] 동생은 장난을 자주 쳐서 개구쟁이라는 별개로 불리고 있어요.
- [ ] 안방은 다른 두 방과는 별개의 독립된 출입구를 가지고 있습니다.

4

다음 어휘와 뜻이 비슷한 어휘에 ○표를 하세요.

1 이별(離別)

작별	분별	차별

2 특별(特別)

결별	각별	개별

글 쓰며 표현力 높여요

정답과 해설 106쪽

◎ '나눌 별(別)'이 들어가는 어휘를 넣어서 글을 써 보세요.

집에 가면 언제나 나를 반겨 주는 반려동물이 있나요? 앞으로 함께 살고 싶은 반려동물을 상상해도 좋아요. 친구들에게 반려동물을 멋지게 소개해 보세요.

구별, 특별, 별개, 이별, 각별 등에 '나눌 별(別)'이 들어가요.

예 내가 키우는 햄스터 '릴리'를 소개할게. 릴리는 하얀색 털에 검은 줄무늬가 있어서 다른 햄스터와 쉽게 구별할 수 있어. 잘 먹어 통통하지만, 그것과는 별개로 쳇바퀴를 아주 빠르게 돌려. 형제가 없는 나에게는 각별한 가족이야.

따라 쓰며 한자力 완성해요

오늘의 학습을 평가해 보아요. 부족함 보통임 잘함

빛 광(光)

'儿(어진사람 인)'과 '火(불 화)'가 합하여 사람 머리 위에 빛이 나는 모양을 그린 글자로 '빛나다', '비추다' 등을 뜻합니다.

光

영상으로 필순 보기

丨 丨 ⺌ 业 光 光

'빛 광(光)'이 들어간 어휘

정답과 해설 107쪽

[1~4] 어휘의 뜻을 살펴보고, 빈칸에 알맞은 어휘를 찾아 한글로 쓰세요.

뜻 빛의 반사로 물체의 표면에서 반짝거리는 빛.

뜻 빼앗긴 주권을 도로 찾음.

뜻 창문 등을 내어 햇빛을 비롯한 광선을 받아들임.

뜻 태양의 빛.

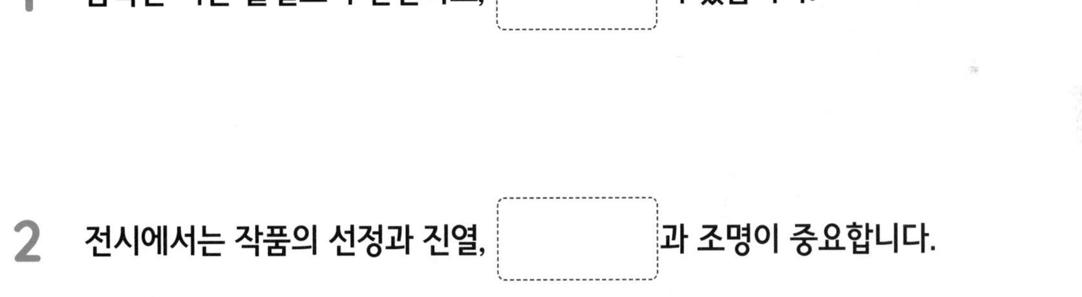

1 금속은 다른 물질보다 단단하고, [　　　]이 있습니다.

2 전시에서는 작품의 선정과 진열, [　　　]과 조명이 중요합니다.

3 일제로부터 나라를 되찾은 [　　　] 이후 대한민국 정부의 수립 과정을 살펴봅시다.

4 앞으로 [　　　]을 이용하는 자동차가 등장하면 주유소에서 연료를 안 넣어도 이동할 수 있습니다.

문제로 어휘力 높여요

1 빈칸에 공통으로 들어갈 어휘를 쓰세요.

- 나는 구두를 열심히 닦아서 [ㄱㅌ]이/가 나도록 하였습니다.
- 진열된 보석은 은은하게 [ㄱㅌ]이/가 나서 더욱 아름다웠습니다.

[✎]

2 '채광(採光)'의 쓰임이 어색한 문장의 기호를 쓰세요.

㉠ 서로 싸우는 채광을 보려고 사람들이 몰렸다.
㉡ 이 집은 채광이 좋지 않아서 낮에도 어두컴컴합니다.
㉢ 이 사진관은 채광이 잘 되어서 조명이 없어도 사진이 예쁘게 찍혀요.

[✎]

3 빈칸에 들어갈 한자에 ○표를 하세요.

광복(光[ ]) 뜻 빼앗긴 주권을 도로 찾음.
예문 많은 사람이 조국의 광복을 위해 독립운동을 하였습니다.

服(옷 복) 腹(배 복) 伏(엎드릴 복) 復(돌아올 복)

4 빈칸에 들어갈 어휘를 보기에서 골라 쓰세요.

보기
야광(밤 夜, 빛 光) 태양광(클 太, 볕 陽, 빛 光)

1 이 시계의 숫자는 [ ]이라 밤에도 잘 보입니다.
↳ 어둠 속에서 빛을 냄. 또는 그런 물건.

2 저탄소 녹색 성장으로 각광받는 [ ]을 이용해 전기를 생산할 수 있습니다.
↳ 태양의 빛.

글 쓰며 표현力 높여요

정답과 해설 107쪽

● '빛 광(光)'이 들어가는 어휘를 넣어서 글을 써 보세요.

개학 날, 준영이는 학교 복도에서 방학 동안 너무 보고 싶었던 친구를 만났어요! 수많은 사람들 속에서도 그 친구만 보이고 마치 친구의 주변이 환해진 것만 같았대요. 이날 준영이는 일기에 어떤 내용을 썼을까요? 상상력을 발휘하여 준영이의 일기를 대신 써 보세요.

도움말 광택, 채광, 태양광, 광채, 야광 등에 '빛 광(光)'이 들어가요.

예 나는 보고 싶었던 친구 우진이를 보자마자 얼른 달려가서 어깨를 툭 치며 인사를 했다. 나를 본 우진이의 얼굴에서도 태양광보다 더 밝은 광채가 났다.

따라 쓰며 한자力 완성해요

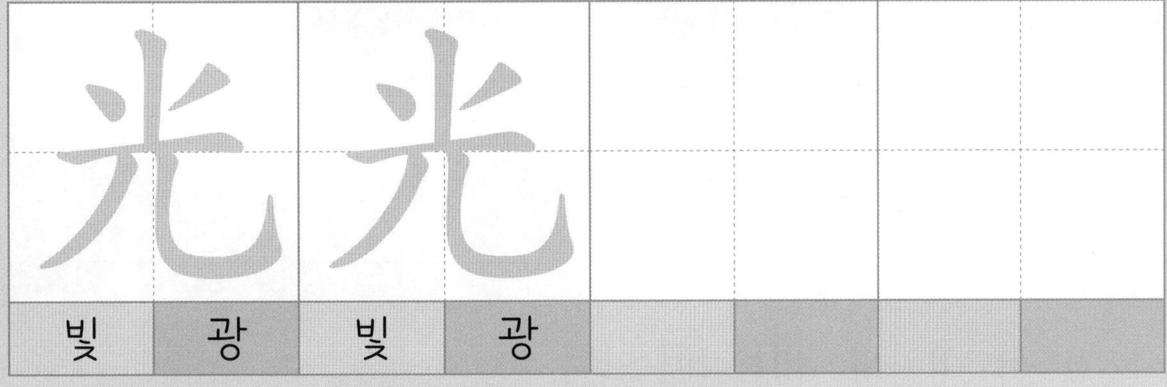

오늘의 학습을 평가해 보아요. 부족함 보통임 잘함

밝을 명(明)

낮을 밝히는 태양[日]과 밤을 밝히는 달[月]을 합한 모양으로, '밝다'를 뜻합니다.

明

영상으로 필순 보기

丨 ㄇ 日 日 日) 明 明 明

‘밝을 명(明)’이 들어간 어휘

정답과 해설 108쪽

○ [1~4] 어휘의 뜻을 살펴보고, 알맞은 예문을 찾아 선을 연결하세요.

뜻 어떤 일이나 대상의 내용을 상대가 잘 알 수 있도록 밝혀 말함.

• 1 어린이 박물관에서 제비에 대한 [   ]을 들었습니다.

뜻 틀림없이 확실하게.

• 2 빛에 따른 [   ]을 어떻게 표현하면 입체감을 살릴 수 있을까요?

뜻 ① 속까지 환히 비치도록 밝음.
② 말이나 태도, 상황 등이 분명함.

• 3 유리는 [   ]해서 안이 보이고 다른 물체와 부딪치면 잘 깨집니다.

뜻 밝음과 어두움.

• 4 [   ]한 목소리로 자신 있게 발표해야 청중에게 신뢰감을 줄 수 있어요.

문제로 어휘 力 높여요

1 밑줄 친 글자가 '明(밝을 명)'으로 쓰이지 않은 어휘를 고르세요.

① 설명　② 명암　③ 투명　④ 분명　⑤ 유명

2 빈칸에 공통으로 들어갈 어휘를 쓰세요.

• 그날 내가 복도에서 본 사람은 [ㅂㅁ] 민주였습니다.
• 상품을 보낼 때는 받는 곳의 주소지를 [ㅂㅁ]하게 써야 합니다.

[　　　　　]

3 각 문장에 쓰인 '투명'의 알맞은 뜻을 괄호 안에서 골라 ○표를 하세요.

1 어머니는 투명한 유리그릇에 물을 가득 담았습니다.
→ 속까지 환히 비치도록 (얇음 | 맑음).

2 위원회는 심사 기준을 투명하게 공개해서 누구에게도 의심을 받지 않도록 해야 합니다.
→ 말이나 태도, 상황 등이 (가려짐 | 분명함).

4 밑줄 친 곳에 '명(明)' 자가 들어간 어휘를 쓰세요.

정혜: 오른쪽 그림을 보면 빛을 받는 부분은 밝게, 빛을 받지 않는 부분은 어둡게 칠해져 있어. 이것은 1 ________을/를 잘 표현하기 위한 것이지.

정수: 아하! 누나의 2 ________을/를 들으니 그린 사람의 의도가 잘 이해돼. 고마워!

1 [　　　　　]　2 [　　　　　]

글 쓰며 표현力 높여요

정답과 해설 108쪽

‘밝을 명(明)’이 들어가는 어휘를 넣어서 글을 써 보세요.

내가 바로 이 구역의 발명왕! 평소 상상만 하던 기상천외한 물건을 발명했다고 가정해 보세요. 그리고 내가 발명한 물건에 많은 사람들이 관심을 보이도록 멋지게 소개해 주세요.

도움말 발명, 설명, 분명, 현명, 증명 등에 ‘밝을 명(明)’이 들어가요.

예 제가 발명한 제품을 설명해 드리겠습니다. 바로 한 알만 먹어도 배가 부른 알약입니다. 조금 전까지 분명 배가 고팠어도, 먹자마자 포만감을 느낄 수 있습니다. 과식을 막아 건강을 지키고 싶은 현명하신 분들은 어서 구입하세요.

따라 쓰며 한자力 완성해요

明	明		
밝을 명	밝을 명		

오늘의 학습을 평가해 보아요. 부족함 보통임 잘함

01~05 독해로 마무리해요

정답과 해설 109쪽

1~2 다음 글을 읽고, 물음에 답하세요.

태양광(太陽光) 에너지를 얻기 위해서는 보통 넓은 면적이 필요합니다. 그래서 과거에는 주로 채광(採光)이 좋은 산간 지역에 맞게 발전기를 설계(設計)했습니다. 이렇게 하면 분명(分明) 많은 에너지를 얻을 수 있지만 환경이 훼손될 수도 있습니다. 또한 도심까지의 거리가 멀기 때문에 에너지 손실도 생길 수 있습니다.

이에 대한 (㉠)(으)로 ○○ 대학 연구소는 건물 외장재로 쓸 수 있는 태양광 패널을 발명(發明)했습니다. 이미 있는 건물을 활용하기 때문에 주변 환경과는 별개(別個)로 전기를 생산할 수 있고, 도심과 산간 지역의 구별(區別) 없이 어디서든 에너지를 얻을 수 있습니다.

1 이 글의 핵심 내용을 파악하여 빈칸에 알맞은 말을 쓰세요.

{ 새로운 ☐☐☐ 에너지 기술의 개발 }

2 ㉠에 들어갈 어휘로 알맞은 것을 고르세요.

① 원인 ② 결과 ③ 대안 ④ 평가 ⑤ 전망

등 고 자 비
오를 登 높을 高 스스로 自 낮을 卑

높은 곳에 오르려면 낮은 곳부터 밟아야 한다는 뜻으로, 무슨 일이든 순서가 있음을 나타내는 말입니다. 또한 지위가 높아질수록 스스로를 낮춘다는 의미로도 쓰입니다.

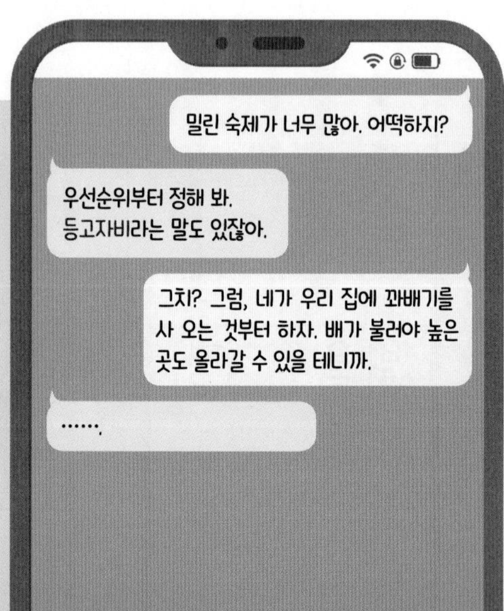

놀이로 정리해요

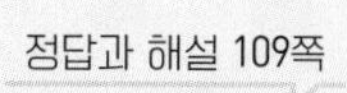

정답과 해설 109쪽

◎ 도토리에 적힌 한자가 쓰인 어휘를 골라 미로를 탈출해 보세요.

길 로(路)

'⻊(발 족)'과 '各(각각 각)'이 합한 글자로, 발로 오고 다니는 곳을 나타낸다는 데서 '길'을 뜻합니다.

路

영상으로 필순 보기

口 口 ⼝ ⻊ ⻊ 𧾷 𧾷 跁 跂 趻 路 路

'길 로(路)'가 들어간 어휘

정답과 해설 110쪽

[1~4] 어휘의 뜻을 살펴보고, 빈칸에 알맞은 어휘를 찾아 한글로 쓰세요.

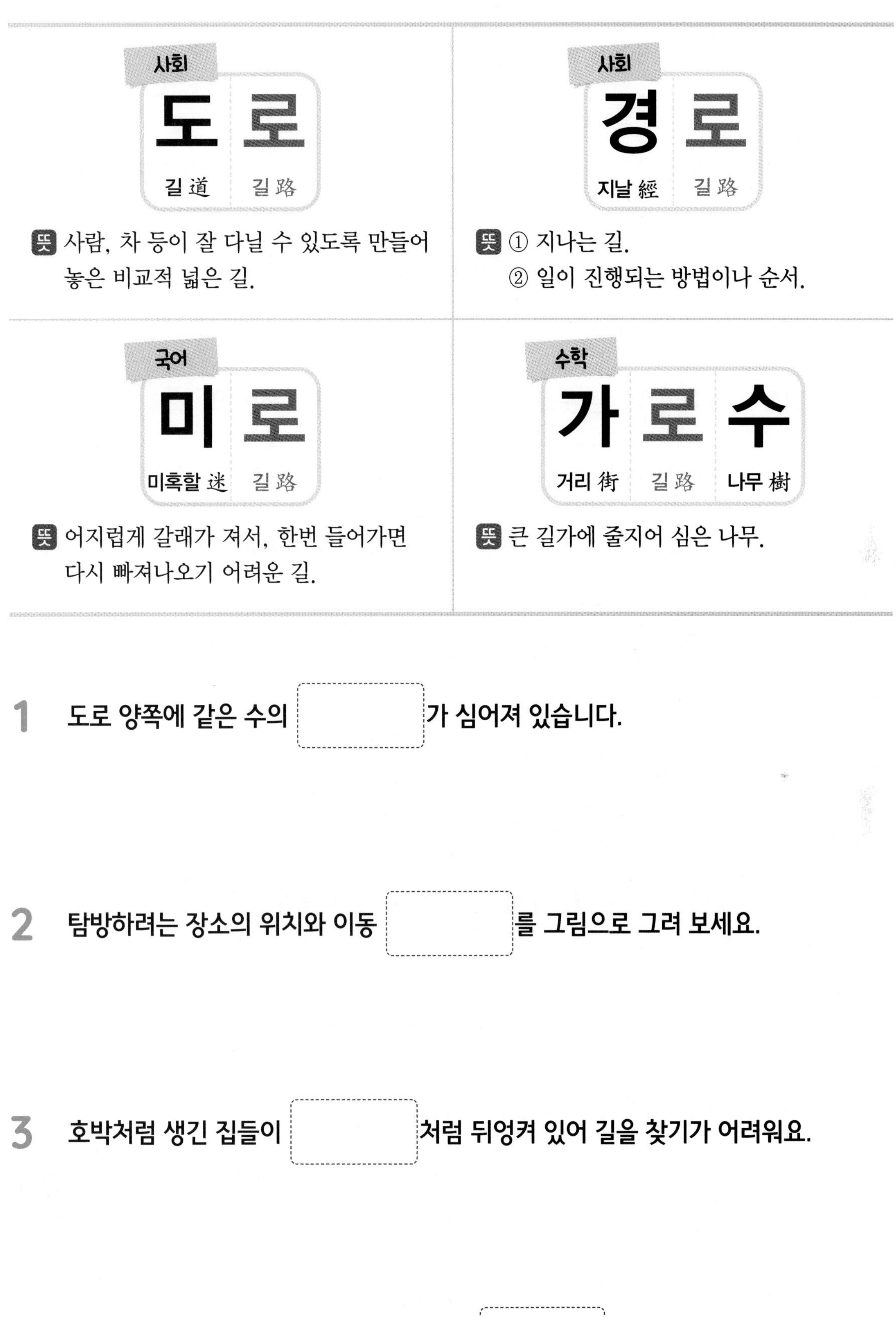

1 도로 양쪽에 같은 수의 [　　　]가 심어져 있습니다.

2 탐방하려는 장소의 위치와 이동 [　　　]를 그림으로 그려 보세요.

3 호박처럼 생긴 집들이 [　　　]처럼 뒤엉켜 있어 길을 찾기가 어려워요.

4 도시는 많은 사람들이 잘 다닐 수 있도록 [　　　]가 발달하였으며 높은 건물도 많습니다.

문제로 어휘力 높여요

1 **밑줄 친 곳에 공통으로 들어갈 어휘에 ✓표를 하세요.**

• ________에 푸른빛이 도는 것을 보니 봄이 왔나 보구나.
• 태풍에 못 견딘 ________이/가 와지끈하고 부러져 길가로 누웠다.

☐ 교차로 ☐ 가로수 ☐ 활주로 ☐ 가로등

2 **밑줄 친 어휘의 알맞은 뜻을 괄호 안에서 골라 ○표를 하세요.**

윤재가 사는 아파트 단지는 꼭 미로 같아서 나가는 길이 어디인지 모르겠어.

뜻 어지럽게 갈래가 져서, 한번 (들어가면 | 나오면) 다시 빠져나오기 (쉬운 | 어려운) 길.

3 **빈칸에 '도로(道路)'를 쓸 수 없는 문장의 기호를 쓰세요.**

㉠ 시원하고 넓은 고속 [ ] 위로 차들이 씽씽 달리고 있다.
㉡ 서울에서 부산으로 가는 기차는 [ ] 위로 철꺼덩철꺼덩 달렸다.
㉢ 마을에 들어서자 자갈이 볼록볼록 튀어나온 비포장 [ ]가 나왔다.

[ ]

4 **'로(路)' 자를 넣어, 빈칸에 알맞은 어휘를 쓰세요.**

나은이는 이번 주말에 거제도로 여행을 가기로 했습니다. 다음은 나은이의 거제도 여행 [ㄱ ㄹ] 입니다.

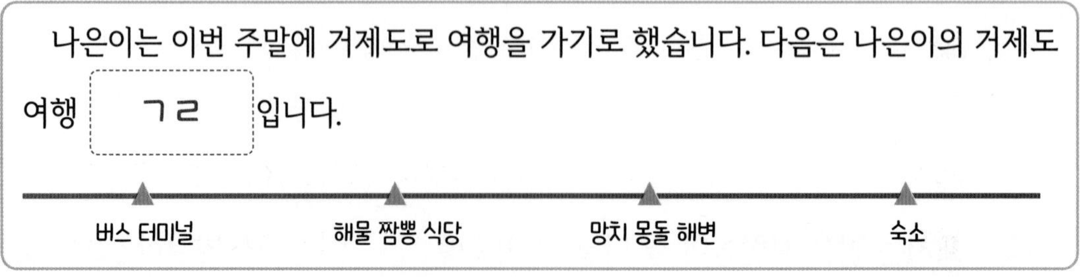

[ ]

글 쓰며 표현力 높여요

정답과 해설 110쪽

‘길 로(路)’가 들어가는 어휘를 넣어서 글을 써 보세요.

오늘은 내 생일이에요! 고맙게도 생일을 축하해 주기 위해 친구들이 우리 집에 오기로 했어요. 우리 집에 처음 오는 친구들을 위해서 학교에서 집으로 오는 길을 설명해 주세요.

도움말 도로, 경로, 가로수, 가로등 등에 ‘길 로(路)’가 들어가요.

예 우리 집은 ○○ 주택 ○○호야. 학교에서 나와서 가로수가 있는 큰 도로를 건너면 ○○ 병원이야. 그 옆에 있는 가로등에서 오른쪽으로 꺾으면 우리 집이 보일 거야. 와 줘서 고마워!

따라 쓰며 한자力 완성해요

오늘의 학습을 평가해 보아요. 부족함 보통임 잘함

《 공부한 날짜 월 일 》

눈 목(目)

사람의 눈과 눈동자의 모습을 표현한 글자로 '눈', '시력', '안목' 등을 뜻합니다.

目

丨 冂 月 月 目

영상으로 필순 보기

'눈 목(目)'이 들어간 어휘

정답과 해설 111쪽

[1~4] 어휘의 뜻을 살펴보고, 알맞은 예문을 찾아 선을 연결하세요.

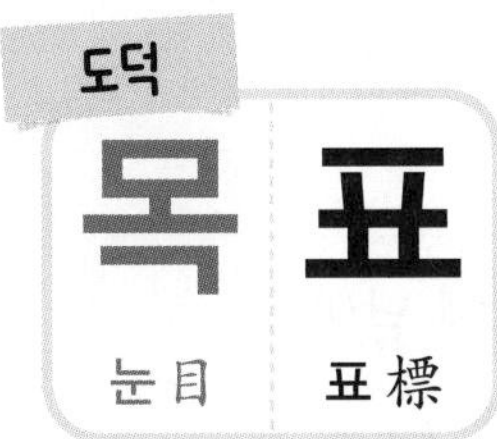

뜻 이루거나 도달하려는 대상.

1 책 표지에 있는 [ ]만 보고 종이접기 책을 골랐어.

뜻 글이나 강연 등에 붙이는 이름.

2 기부 받은 물건들의 [ ]을/를 정리해 봅시다.

뜻 관심을 가지고 주의 깊게 살핌. 또는 그 시선.

3 모두 [ ]을/를 이룰 수 있도록 서로 격려하며 도움을 주고받습니다.

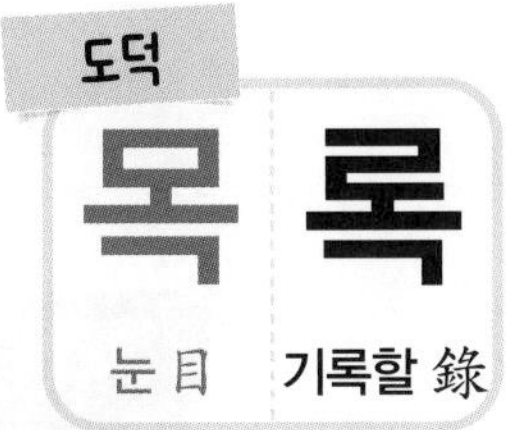

뜻 어떤 물품의 이름을 일정한 순서로 적은 것.

4 빨간색은 [ ]받기 쉬워, 바로 눈에 띄고 멀리서도 잘 볼 수 있어요.

1 **밑줄 친 글자의 뜻에 ✓표를 하세요.**

그 형제는 이목구비가 뚜렷하여 기억에 남아요.

☐ 귀　☐ 눈　☐ 입　☐ 코

2 **밑줄 친 말과 바꾸어 쓸 수 있는 말에 ○표를 하세요.**

마젠타 요정 물총새는 화려한 깃털을 가지고 있어 모두의 시선을 사로잡는다.

주목을 끈다　안목이 높다　면목이 없다

3 **밑줄 친 어휘의 사용이 어색한 친구의 이름을 쓰세요.**

신환: 해정아, 마라톤 대회에 나간다며? 대회에 나가는 목적이 뭐야?
해정: 당연히 건강을 위해서지! 끝까지 완주하는 게 내 목표야.
영욱: 우아! 제목이 대단한데? 다치지 않도록 조심해.

[✎　　　　　]

4 **'목(目)' 자를 넣어, 빈칸에 알맞은 어휘를 쓰세요.**

< 장바구니 ☐ >
세탁 세제, 칫솔, 찌개용 두부, 고등어, 고춧가루, 대파

글 쓰며 표현力 높여요

정답과 해설 111쪽

‘눈 목(目)’이 들어가는 어휘를 넣어서 글을 써 보세요.

텔레비전으로 가요가 나오는 방송을 보다가 잠이 들었는데, 꿈속에서 내가 가수가 되어 노래를 하고 있지 뭐예요! 꿈속에서 나는 어떤 무대에서, 어떤 노래를 부르고 있었을까요?

도움말 목표, 제목, 주목, 목록, 이목 등에 ‘눈 목(目)’이 들어가요.

예 저는 사람들이 지나다니는 거리에서 ‘희망’과 관련한 제목의 노래를 부르고 있어요. 화려한 무대에서 주목을 끌기보다는 사람들이 우연히 제 노래를 듣고 힘을 얻어 가는 것이 제 목표거든요.

따라 쓰며 한자力 완성해요

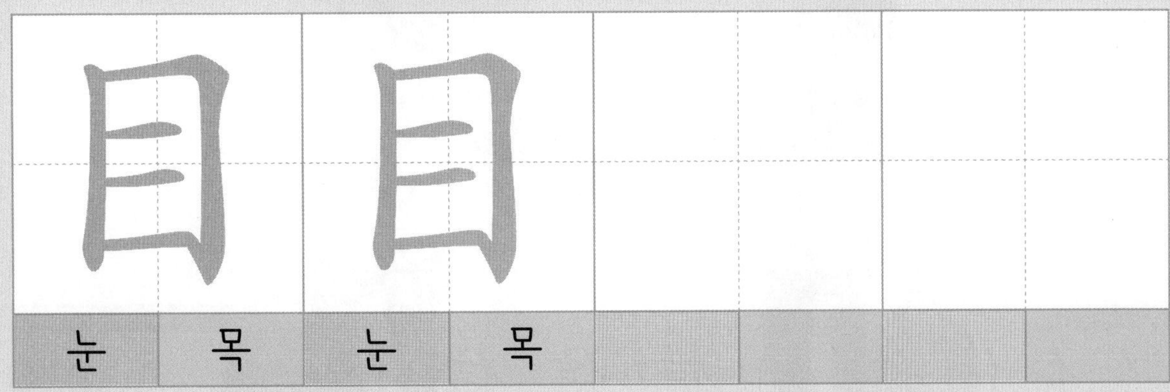

오늘의 학습을 평가해 보아요. 부족함 보통임 잘함

《 공부한 날짜 월 일 》

믿을 신(信)

'人(사람 인)'과 '言(말씀 언)'이 합한 글자로, 사람의 말은 거짓이 없어야 한다는 의미에서 '믿다', '신뢰하다'를 뜻합니다.

信

영상으로 필순 보기

丿 亻 亻 仁 仁 信 信 信 信

'믿을 신(信)'이 들어간 어휘

정답과 해설 112쪽

[1~4] 어휘의 뜻을 살펴보고, 빈칸에 알맞은 어휘를 찾아 한글로 쓰세요.

1 믿었던 친구들까지 나를 [　　　] 해서 슬펐습니다.

2 약속을 잘 지키는 사람은 다른 사람에게 [　　　] 을/를 줄 수 있습니다.

3 횡단보도에서는 [　　　] 이/가 녹색등으로 바뀌면 좌우를 살핀 후 건넙니다.

4 이태영은 인간은 모두 법 앞에서 평등해야 한다고 생각했고, 이 [　　　] 을/를 지키려고 평생 노력했습니다.

문제로 어휘力 높여요

1 밑줄 친 곳에 공통으로 들어갈 어휘에 ✓표를 하세요.

- ________이 강한 사람들은 고난에 쉽게 흔들리지 않는다.
- 우리나라 배구 선수들은 이길 수 있다는 ________을 가지고 경기에 임했다.

☐ 수신(受信) ☐ 불신(不信) ☐ 발신(發信) ☐ 신념(信念)

2 다음 수수께끼의 질문에 알맞은 답을 쓰세요.

나는 도로 위의 안내원이에요.
내가 흡! 힘 줘서 얼굴이 빨개지면 모두 나를 보고 멈춰요.
후우우, 노란 얼굴로 잠시 숨을 돌리면 다들 준비했다가,
땅! 파란 하늘처럼 환하게 웃으면 신나게 움직여요.
나는 '신(信)' 자로 시작하는 이름을 가지고 있어요. 나는 **누구**일까요?

[ ]

3 밑줄 친 상황과 뜻이 비슷한 어휘에 ○표를 하세요.

우리 우정을 저버리고 혼자 집에 가서 미안해. 앞으로는 그러지 않을게.

배신하다 신임하다 배려하다

4 밑줄 친 글자에 '믿을 신(信)'이 쓰이지 않은 어휘에 ✓표를 하세요.

☐ 신뢰하다	☐ 확신하다	☐ 신중하다
뜻 굳게 믿고 의지하다.	뜻 굳게 믿다.	뜻 매우 조심스럽다.

글 쓰며 표현力 높여요

정답과 해설 112쪽

‘믿을 신(信)’이 들어가는 어휘를 넣어서 글을 써 보세요.

오늘은 세계 친구의 날이래요. 좋은 친구란 어떤 친구일까요? 나와 가깝게 지내는 친구를 떠올리며 친구의 의미를 되새길 수 있는 ‘나만의 명언’을 만들어 보세요!

도움말 신념, 신뢰, 배신, 확신 등에 ‘믿을 신(信)’이 들어가요.

예 제 친구 세인이는 제가 잘못하고 있을 때에는 멈추도록 조언해 주고, 제가 잘하고 있을 때에는 확신에 찬 응원으로 밀어주어요. 그래서 “친구란 내 삶의 신호등이다.”라는 명언을 만들래요.

따라 쓰며 한자力 완성해요

오늘의 학습을 평가해 보아요. 부족함 보통임 잘함

《 공부한 날짜 월 일 》

09

잃을 실(失)

손에서 무언가가 떨어지는 모습을 표현한 글자로, 물건을 떨어뜨려 잃어버렸다는 데에서 '잃다'를 뜻합니다.

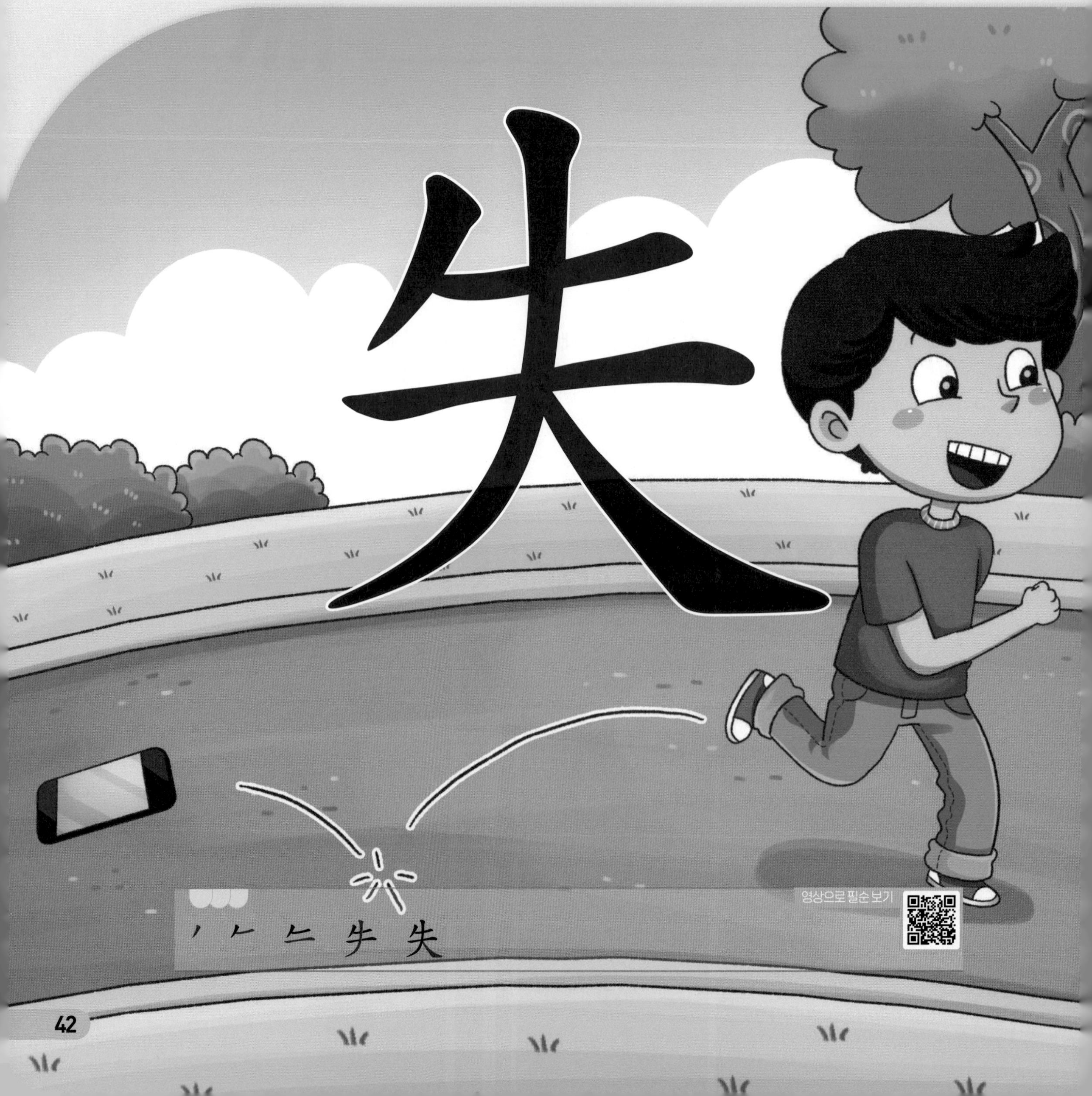

ノ ㅗ 느 牛 失

영상으로 필순 보기

'잃을 실(失)'이 들어간 어휘

정답과 해설 113쪽

[1~4] 어휘의 뜻을 살펴보고, 알맞은 예문을 찾아 선을 연결하세요.

뜻 뜻한 대로 되지 아니하거나 그르침.

1 친구의 물건을 [ ](으)로 망가뜨렸어.

뜻 잃어버리거나 줄어들어서 손해를 봄. 또는 그 손해.

2 [ ] 물품 보관함에는 주인이 없는 연필과 지우개가 많아.

뜻 조심하지 아니하여 잘못함. 또는 그런 행위.

3 경기를 마치고 안타, 득점, 수비의 성공과 [ ] 기록을 살펴보면서 우리 모둠의 전략을 평가해요.

뜻 자기도 모르는 사이에 물건을 잃어버림.

4 물이 귀한 사막에서 사는 생물들은 물의 [ ]을/를 최소화하며 살아갑니다.

1 밑줄 친 곳에 공통으로 들어갈 어휘에 ✓표를 하세요.

- 누구나 ________할 수 있어. 다음번에는 조심하자.
- ________을/를 했을 때는 스스로 반성하고 고쳐야 합니다.

☐ 성실 ☐ 실험 ☐ 악수 ☐ 실수

2 '실(失)' 자를 넣어, 빈칸에 알맞은 어휘를 쓰세요.

성공
: 목적하는 바를 이룸.

⟷ 반대의 뜻

☐☐
: 뜻한 대로 되지 아니하거나 그르침.

3 빈칸에 들어갈 어휘를 보기에서 골라 쓰세요.

보기

손실(덜 損, 잃을 失) 실례(잃을 失, 예도 禮)

1 ☐(이)지만 잠시 길을 여쭈어 봐도 될까요?

2 큰 비가 내려 옥상에 두었던 물건들에 ☐을/를 입었어.

4 다음 글의 빈칸에 알맞은 어휘를 쓰세요.

목걸이를 찾습니다.

지난주에 열린 체육 대회에서 목걸이를 ㅂ ㅅ 했습니다.

운동장에서 목걸이를 발견하신 분께서는 '3학년 5반 나수민'에게 갖다 주세요.

[✎]

글 쓰며 표현力 높여요

정답과 해설 113쪽

‘잃을 실(失)’이 들어가는 어휘를 넣어서 글을 써 보세요.

헉, 이를 어쩌죠? 곧 열릴 학교 운동회를 준비하려고 체육 선생님께 호루라기를 빌렸는데, 연습을 마치고 보니 호루라기가 없어졌어요! 용기 내어 선생님께 이 사실을 알리고 죄송한 마음을 쪽지로 전달하려고 해요. 진심을 담아 쪽지 속 내용을 써 볼까요?

도움말 실패, 실수, 분실, 실례 등에 ‘잃을 실(失)’이 들어가요.

예 선생님, 선생님께서 빌려주신 호루라기를 잃어버렸어요. 분실 보관함도 찾아보고, 달리기 연습을 한 곳도 샅샅이 찾아봤지만 호루라기를 찾는 데 실패했어요. 빌린 물건을 잘 보관하지 못한 제 실수를 용서해 주세요.

따라 쓰며 한자力 완성해요

失		失					
잃을	실	잃을	실				

오늘의 학습을 평가해 보아요. 부족함 보통임 잘함

10 이룰 성(成)

큰 도끼[戊]로 적을 평정한다[丁]는 뜻이 확대되어 어떤 일이 '이루어지다'라는 뜻을 나타냅니다.

'이룰 성(成)'이 들어간 어휘

정답과 해설 114쪽

[1~4] 어휘의 뜻을 살펴보고, 빈칸에 알맞은 어휘를 찾아 한글로 쓰세요.

1 참석자의 반이 넘는 수가 [ ]하는 것으로 주제를 정하겠습니다.

2 제빵사 체험관 선생님께서 알려주시는 대로 따라 해서 빵을 [ ]했다.

3 소금 덩어리를 바위나 돌에 빗대어, 흙의 [ ] 과정을 이야기해 봅시다.

4 바위에 새긴 그림은 사냥과 고기잡이의 [ ]을 바라는 마음이 담겨 있다.

문제로 어휘力 높여요

1 **밑줄 친 어휘의 뜻에 ✓표를 하세요.**

1957년 10월 4일, 소련은 세계 최초의 인공위성인 '스푸티니크 1호'를 발사하는 데 성공하였습니다.

- [ ] 목적하는 바를 이룸.
- [ ] 둘 이상의 것을 합쳐서 하나를 이룸.
- [ ] 사람이나 동식물 등이 자라서 점점 커짐.

2 **'생성(生成)'의 쓰임이 어색한 문장의 기호를 쓰세요.**

㉠ 최근에는 바람의 힘으로 전기 에너지를 생성합니다.
㉡ 사전을 참고해서 낱말 퍼즐의 빈칸을 겨우 생성했다.
㉢ 수증기를 포함한 공기 덩어리가 상승하면 구름이 생성됩니다.

[✎]

3 **밑줄 친 어휘와 뜻이 비슷한 어휘에 ○표를 하세요.**

현진: 얘들아! 오늘 점심 식사로 떡볶이랑 만두 어때?
영은: 와! 나랑 생각이 이렇게 잘 통하다니! 나는 네 의견에 적극 동의할게!

동정	찬양	성취	찬성

4 **다음 끝말잇기의 빈칸에 공통으로 들어갈 글자를 고르세요.**

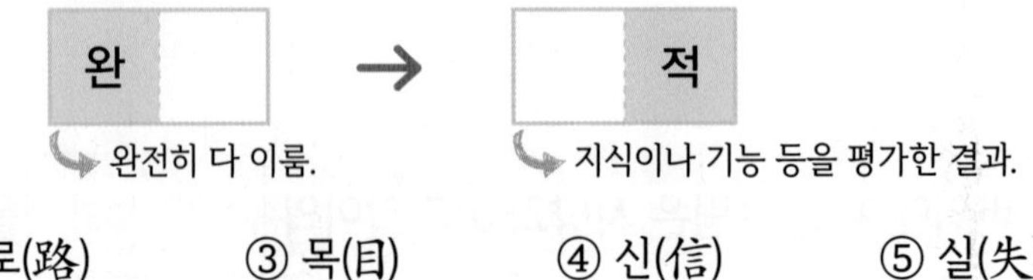

① 성(成) ② 로(路) ③ 목(目) ④ 신(信) ⑤ 실(失)

글 쓰며 표현力 높여요

정답과 해설 114쪽

'이룰 성(成)'이 들어가는 어휘를 넣어서 글을 써 보세요.

'재미있는 줄임 말 만들기' 대회가 열린대요. 친구가 내게 재미있을 것 같다며 함께 참가해 보자고 해요. 내 생각은 어떤가요? 친구에게 내 의견을 말해 보세요.

도움말 성공, 찬성, 합성, 구성 등에 '이룰 성(成)'이 들어가요.

예 네 의견에 찬성이야! 그럼 서로 하나씩 만들어 볼까? 난 우리가 어제도, 그제도 나눈 말인 '오늘 간식으로 떡볶이 먹을까?'를 줄여서 '오간떡'이라는 줄임 말을 완성했어.

따라 쓰며 한자力 완성해요

오늘의 학습을 평가해 보아요. 부족함 보통임 잘함

06~10 독해로 마무리해요

정답과 해설 115쪽

1~2 다음 글을 읽고, 물음에 답하세요.

선생님, ㉠지난 주말에 뭐했냐고 물어보셨죠? 저는 가족과 함께 풍경이 아주 멋진 가로수(街路樹) 길에 차를 타고 놀러 갔어요. 가로수 길까지 가는 도로(道路)가 꼬불꼬불해서 마치 미로(迷路) 같았던 데다가, 아버지께서 아직 초보 운전이셔서 걱정이 됐어요. 그런데 '길 도우미' 기기에 가고 싶은 장소를 입력하니, 기기가 순식간에 경로(經路)를 완성(完成)해 길을 안내해 주지 뭐예요? 그뿐만 아니라 신호등(信號燈)과 안전 표지판을 인식해 아버지께서 실수(失手)하지 않으시도록 도와줬어요. 점심 식사 예약 시간 전에 도착하는 게 목표(目標)였는데, '길 도우미' 덕에 제시간에 성공(成功)적으로 도착할 수 있었어요. 덕분에 즐거운 주말을 보냈답니다!

1 **빈칸에 알맞은 말을 넣어, ㉠의 질문에 대한 대답을 완성해 보세요.**

지난 주말에 가족과 함께 ☐☐☐ 길에 놀러 갔습니다.

2 **이 글을 바르게 이해하지 못한 친구의 이름을 쓰세요.**

우기: 도로가 미로 같았다니, 처음에는 조금 당황했겠다.
원준: '길 도우미' 덕에 안전하게 잘 다녀올 수 있었구나.
승하: 목표대로 제시간에 도착하지는 못했지만, 즐거웠다니 다행이야.

[✎]

생활 속 성어

반 신 반 의
반 半 믿을 信 반 半 의심할 疑

한 신하가 천리마를 구하러 갔다가 죽은 말의 뼈를 비싸게 사 옵니다. 이에 왕이 화를 내자, 신하는 천리마를 가진 사람들이 그 소문을 듣고 더 높은 가격을 기대하며 찾아올 것이라고 말합니다. 왕은 그 말이 옳다고 생각하면서도 의심을 떨치지 못했는데, 이처럼 믿으면서도 한편으로는 의심이 들 때 '반신반의'라고 합니다.

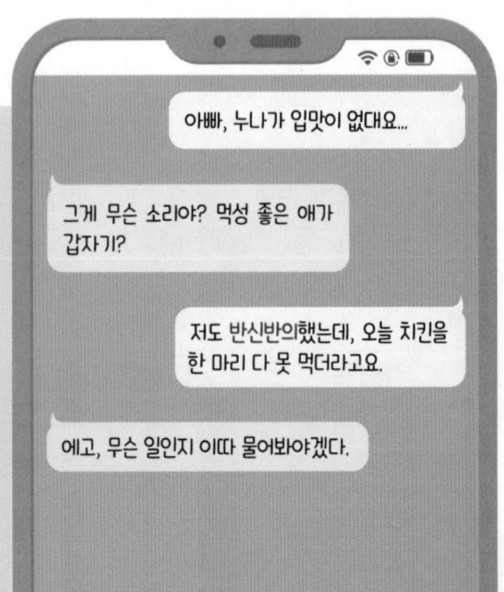

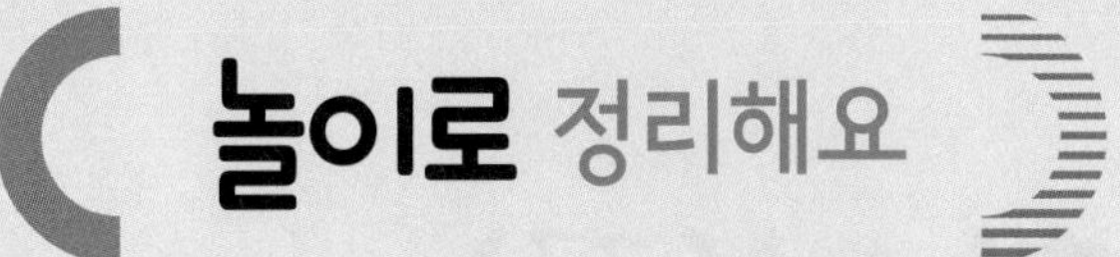

정답과 해설 115쪽

● 제시된 설명을 참고하여 한자 어휘 지도를 완성해 보세요.

비 뜻이 비슷한 어휘 반 뜻이 반대되는 어휘

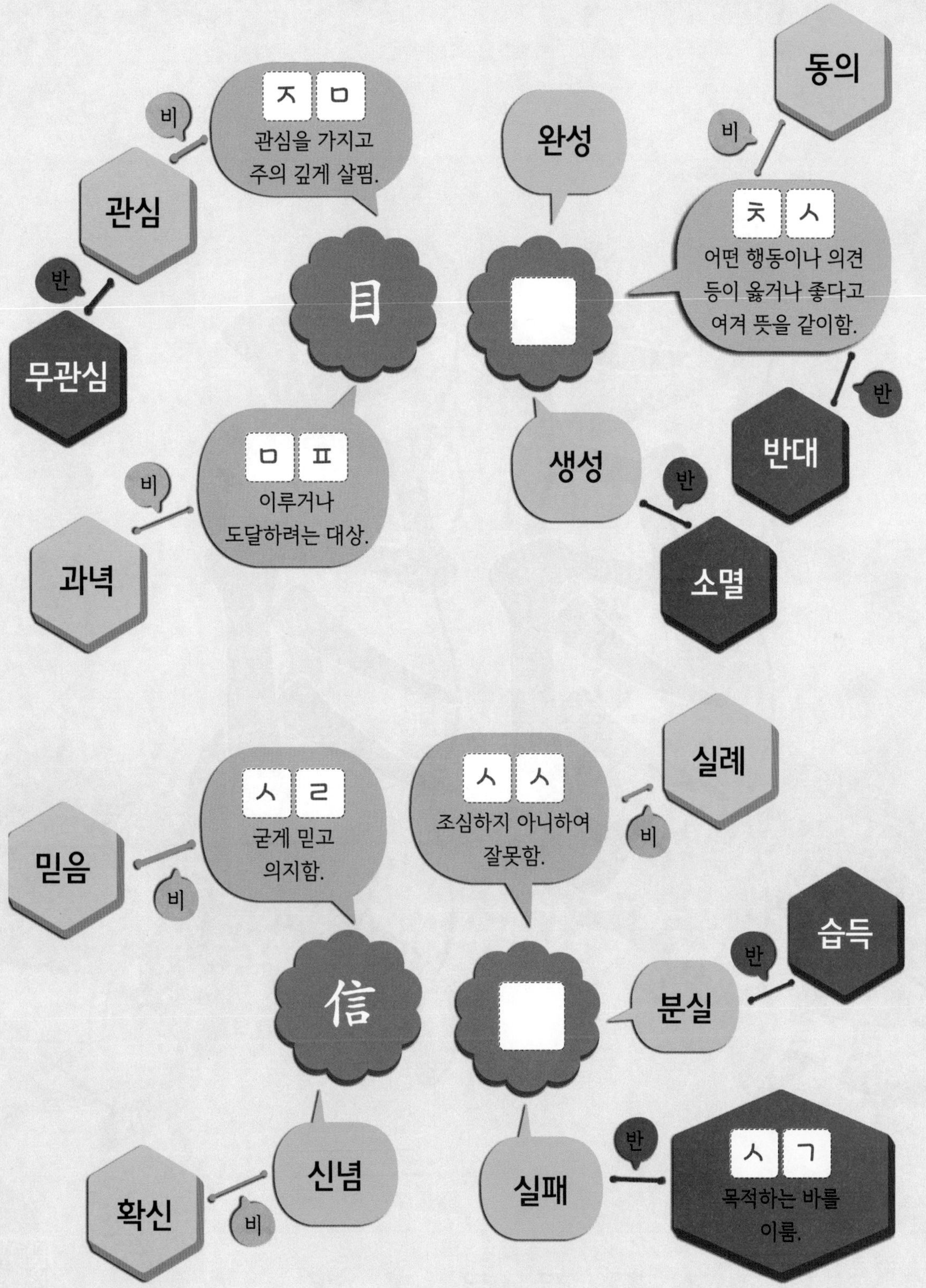

目

ㅈㅁ 관심을 가지고 주의 깊게 살핌.

비 관심

반 무관심

ㅁㅍ 이루거나 도달하려는 대상.

비 과녁

□

완성

ㅊㅅ 어떤 행동이나 의견 등이 옳거나 좋다고 여겨 뜻을 같이함.

비 동의

반 반대

생성

반 소멸

信

ㅅㄹ 굳게 믿고 의지함.

비 믿음

신념

비 확신

□

ㅅㅅ 조심하지 아니하여 잘못함.

비 실례

분실

반 습득

실패

반 ㅅㄱ 목적하는 바를 이룸.

《 공부한 날짜　　월　　일 》

약할 약(弱)

오래 된 활의 활줄이 너덜거리는 모양을 두 개 합한 글자로, '약하다'라는 뜻을 나타냅니다.

弱

영상으로 필순 보기

'약할 약(弱)'이 들어간 어휘

정답과 해설 116쪽

[1~4] 어휘의 뜻을 살펴보고, 알맞은 예문을 찾아 선을 연결하세요.

뜻 모자라서 남에게 뒤떨어지는 점.

1 강점은 살리고, [ ] 은/는 보완할 수 있는 목표를 세웁시다.

뜻 힘이나 세력이 약한 사람이나 생물.

2 힘의 [ ] (이)나 빠르기에 변화를 주어 움직여 봅시다.

뜻 강하고 약함. 또는 강하고 약한 정도.

3 고령자나 임산부 등 [ ] 은/는 이동하는 데 많은 어려움이 있습니다.

뜻 힘이 점점 줄어서 약해짐.

4 나무 그늘 아래에 있던 한해살이 풀은 햇빛을 충분히 받지 못해서 [ ] 해졌습니다.

문제로 어휘力 높여요

1 밑줄 친 부분에 공통으로 쓰인 한자에 ○표를 하세요.

• 청소 시간에 나보다 힘이 약한 친구를 도와주었어요.
• 탬버린을 처음에는 약하게 치다가 나중에는 세게 쳤어요.

強	點	衰	弱

2 보기와 같이 서로 반대의 뜻으로 묶인 어휘를 고르세요.

보기

전(앞 前) + 후(뒤 後) = 전후(前後)

앞과 뒤를 아울러 이르는 말.

① 강약(強弱) ② 완성(完成) ③ 실패(失敗)
④ 목표(目標) ⑤ 도로(道路)

3 밑줄 친 어휘의 알맞은 뜻에 ✓표를 하세요.

그는 조국 독립과 약자 보호에 앞장선 영웅이었다.

☐ 말을 잘하는 사람 ☐ 힘이 약한 사람 ☐ 열심히 사는 사람

4 빈칸에 알맞은 어휘를 보기에서 골라 쓰세요.

보기

약점 쇠약

1 발야구를 할 때는 상대 팀의 ____ 을 잘 노려서 빈 곳으로 공을 차야 한다.

2 오랜 병치레로 몸이 ____ 해져, 건강한 몸으로 회복하기 위해 운동을 더 열심히 하고 있습니다.

글 쓰며 표현力 높여요

정답과 해설 116쪽

'약할 약(弱)'이 들어가는 어휘를 넣어서 글을 써 보세요.

같은 반 친구가 다른 친구를 괴롭히고 있어요. 아무래도 내가 나서야겠어요. 힘이 약한 친구를 괴롭히지 말고 서로 사이좋게 지내야 한다고 이야기해 주세요.

도움말 약점, 약자, 강약, 쇠약 등에 '약할 약(弱)'이 들어가요.

예 힘이 약한 친구가 약자라고 생각할 수 있지만, 사람은 누구나 약점이 있잖아. 같은 반 친구를 괴롭히지 말고 서로의 약점을 지켜 주며 사이좋게 지내자.

따라 쓰며 한자力 완성해요

오늘의 학습을 평가해 보아요. 부족함 보통임 잘함

12 몸 체(體)

'骨(뼈 골)'과 '豊(풍성할 풍)'이 결합한 글자로, 뼈를 포함한 모든 것이 모인 '몸'을 나타냅니다.

體

영상으로 필순 보기

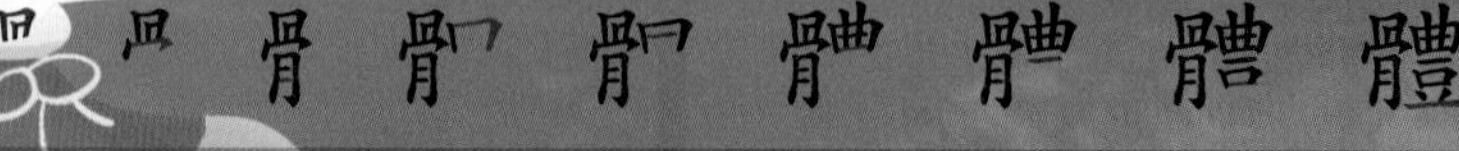

'몸 체(體)'가 들어간 어휘

정답과 해설 117쪽

[1~4] 어휘의 뜻을 살펴보고, 빈칸에 알맞은 어휘를 찾아 한글로 쓰세요.

1 여러 명이 모인 [ ] 대화방에서 의견을 주고받아요.

2 민속 박물관에서는 옛날의 명절 모습을 [ ] 할 수 있습니다.

3 물과 흙은 지구에 살고 있는 수많은 [ ] 에게 매우 중요합니다.

4 담는 그릇에 관계없이 모양이 변하지 않는 물질의 상태를 [ ] (이)라고 합니다.

문제로 어휘力 높여요

1 밑줄 친 어휘와 같은 의미의 한자에 ○표를 하세요.

날마다 운동하면 몸과 마음이 건강해집니다.

心 | 體 | 信 | 日

2 밑줄 친 부분과 바꾸어 쓸 수 있는 어휘에 ✓표를 하세요.

여행에 가서 직접 겪은 일을 친구들과 이야기해 봅시다.

(☐ 상상한 | ☐ 체험한)

3 ㉠~㉣ 중 '고체(固體)'에 해당하는 것의 기호를 쓰세요.

달 표면에는 ㉠돌이 있으며 움푹 파인 곳이 많습니다. 달 표면에서 어둡게 보이는 곳을 달의 바다라고 합니다. 이름과 달리 달의 바다에는 ㉡물이 없습니다. 달에는 물뿐만 아니라 ㉢공기도 없어 생물이 살기에 알맞은 ㉣온도를 유지할 수 없습니다.

[✎]

4 빈칸에 '체(體)' 자가 들어가는 어휘를 쓰세요.

1 지구의 날을 맞아 여러 환경 ☐ 이/가 캠페인을 벌였습니다.

↳ 여러 사람이 모여서 이루어진 모임.

2 물은 ☐ 이/가 살아가는 데 없어서는 안 될 중요한 요소입니다.

↳ 생명이 있는 물체.

글 쓰며 표현力 높여요

정답과 해설 117쪽

'몸 체(體)'가 들어가는 어휘를 넣어서 글을 써 보세요.

오랜만에 온 가족이 여유로운 주말이에요. 마침 해가 반짝 뜨고 파란 하늘이 높게 펼쳐진 화창한 날씨예요! 오늘 같은 날엔 가족들과 함께 나들이를 가는 건 어떨까요? 어디를 가면 좋을지 부모님과 이야기해 보세요.

도움말 고체, 단체, 체험, 생명체 등에 '몸 체(體)'가 들어가요.

예 다 함께 동물원에 놀러 가면 좋을 것 같아요. 동물원에 살고 있는 여러 생명체들도 볼 수 있고, 먹이 주기와 같은 다양한 체험도 할 수 있으니까요.

따라 쓰며 한자力 완성해요

오늘의 학습을 평가해 보아요. 부족함 보통임 잘함

바람 풍(風)

상상의 동물인 봉황새를 본뜬 글자입니다. 봉황의 날갯짓에서 바람이 만들어진다고 생각했던 옛사람들에 의해 '바람'이라는 뜻을 나타내게 되었습니다.

風

영상으로 필순 보기

丿 几 凡 凧 凨 凬 風 風 風

'바람 풍(風)'이 들어간 어휘

정답과 해설 118쪽

[1~4] 어휘의 뜻을 살펴보고, 알맞은 예문을 찾아 선을 연결하세요.

뜻 바람의 힘.

뜻 큰 비를 내리며 부는 매우 센 바람.

뜻 얇은 고무주머니 속에 공기를 넣어 공중으로 뜨게 만든 물건.

뜻 회전축에 붙은 날개를 전동기로 돌려 바람을 일으키는 기계.

1 [　　] 발전기로 친환경 전기 에너지를 만들어요.

2 여러 가지 모양의 [　　]에 공기 주입기로 공기를 넣습니다.

3 요즘은 날개 없는 [　　]이/가 나와서 더 안전하게 사용할 수 있어요.

4 갑자기 [　　]이/가 불어닥쳐 배가 모두 바닷속으로 가라앉아 버렸습니다.

문제로 어휘力 높여요

1 **빈칸에 공통으로 들어갈 어휘에 ✓표를 하세요.**

________ 을 불 때 공기 주입기를 사용하면 바깥에 있던 공기가 안으로 이동합니다. 또 부푼 ________ 의 입구를 잡고 있던 손을 놓으면 안에 있던 공기가 밖으로 이동합니다. 이처럼 기체는 다른 곳으로 이동할 수 있습니다.

☐ 바람　☐ 그릇　☐ 강풍　☐ 풍선

2 **밑줄 친 부분과 바꾸어 쓸 수 있는 어휘에 ✓표를 하세요.**

바람의 힘을 이용하면 석유나 석탄을 쓰지 않고도 전기를 만들 수 있어요.

↳ (☐ 수력 | ☐ 풍력)

3 **밑줄 친 '풍'의 공통된 뜻을 고르세요.**

- 겨울이 지나고 봄이 오니 동풍이 불어옵니다.
- 돌풍이 불어 모자가 저 멀리 날아가 버렸습니다.

① 물　② 소원　③ 바람　④ 동쪽　⑤ 마음

4 **빈칸에 알맞은 어휘를 보기에서 골라 쓰세요.**

보기

태풍　선풍기

1 마트에서는 여름을 맞아 [　　] 할인 행사를 진행 중입니다.

2 [　　] 이/가 온다는 소식을 듣고, 사람들이 모두 안전한 곳으로 대피했습니다.

글 쓰며 표현力 높여요

정답과 해설 118쪽

◎ '바람 풍(風)'이 들어가는 어휘를 넣어서 글을 써 보세요.

진로 시간에 역할극으로 직업을 체험해 보기로 했어요. 나는 기상 캐스터가 되어 일기 예보를 하려고 해요. 기상 캐스터의 표정과 말투를 떠올려 보며, 친구들 앞에서 오늘의 날씨를 안내해 보세요.

도움말 태풍, 선풍기, 돌풍, 강풍 등에 '바람 풍(風)'이 들어가요.

예 갑작스러운 무더위에 다들 선풍기를 꺼내셨을 텐데요. 다음 주부터는 비바람을 동반한 태풍이 예상됩니다. 바람이 세게 불 때는 가급적 집에 머무르시기 바랍니다.

따라 쓰며 한자力 완성해요

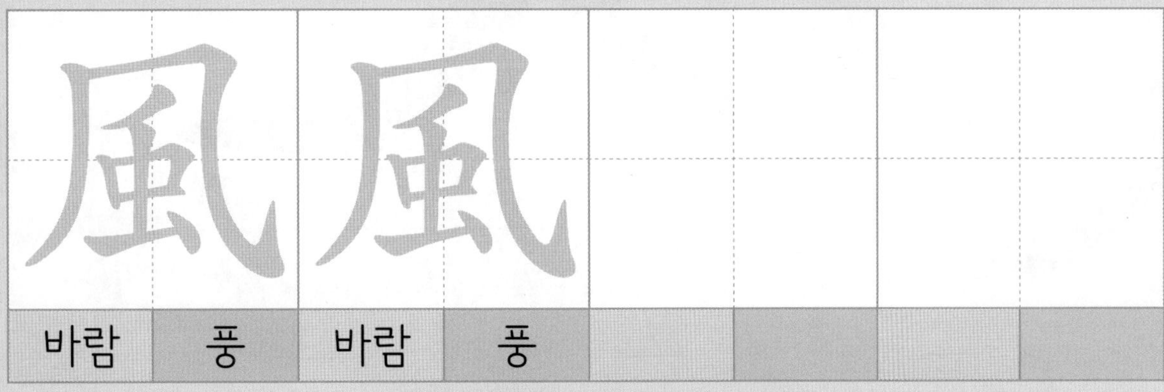

風	風		
바람 풍	바람 풍		

오늘의 학습을 평가해 보아요. 부족함 보통임 잘함

돌이킬 반(反)

벼랑[厂]과 손[又]을 합쳐, 무거운 것을 손으로 뒤집는 모습을 표현한 글자입니다. 이후 '뒤집다'라는 뜻이 확대되어 '돌이키다', '돌아오다'라는 뜻을 나타냅니다.

反

영상으로 필순 보기

一 厂 万 反

'돌이킬 반(反)'이 들어간 어휘

정답과 해설 119쪽

[1~4] 어휘의 뜻을 살펴보고, 빈칸에 알맞은 어휘를 찾아 한글로 쓰세요.

체육 **반복** 돌이킬 反 돌아올 復 뜻 같은 일을 되풀이함.	국어 **찬반** 도울 贊 돌이킬 反 뜻 찬성과 반대.
도덕 **반성** 돌이킬 反 살필 省 뜻 자신의 말과 행동에 잘못이나 부족함이 없는지 돌이켜 봄.	과학 **반사** 돌이킬 反 쏠 射 뜻 음파나 빛 등의 파동이 다른 물체에 부딪쳐서 방향을 반대로 바꾸는 것.

1 정직하지 못했던 경험을 떠올리며 [   ]해 봅시다.

2 주장에 대한 근거를 제시하면서 [   ] 의견을 말해 봅시다.

3 빠르게 걷기와 천천히 걷기를 [   ]하며 오래 걷다 보면 체력이 좋아져요.

4 도로변에 세운 방음벽은 도로에서 생기는 소리를 [   ]해 주택가로 전달되는 소음을 줄입니다.

문제로 어휘力 높여요

1 빈칸에 공통으로 들어갈 어휘에 ✓표를 하세요.

- 시장을 구경하느라 가다 서다를 [ ] 했어요.
- 여러 명이 함께 춤 동작을 잘 맞추려면 [ ] 해서 연습하는 것이 필요해요.

☐ 표현 ☐ 반복 ☐ 회복 ☐ 노래

2 밑줄 친 부분이 '반(反)' 자의 의미로 쓰이지 않은 것의 기호를 쓰세요.

- 우리 ㉠반 친구들과 함께 운동장에서 축구를 했어요.
- 그때를 ㉡돌이켜 생각해 보면 행복해서 절로 웃음이 나와요.
- 학교에 갔다가 집으로 ㉢돌아오는 길이 오늘따라 멀게만 느껴졌습니다.

[✎]

3 보기와 같이 서로 반대의 뜻으로 묶인 어휘를 고르세요.

보기

상(위 上) + 하(아래 下) = 상하(上下)

↪ 위와 아래를 아울러 이르는 말.

① 계산(計算) ② 특별(特別) ③ 광복(光復)
④ 분명(分明) ⑤ 찬반(贊反)

4 빈칸에 '반(反)' 자가 들어가는 어휘를 쓰세요.

1 거울은 빛의 [ ] 을/를 이용하여 물체의 모습을 비춥니다.

2 학급에서 협동할 때 어떻게 행동했나요? 잘한 점이나 [ ] 할 점을 이야기해 봅시다.

글 쓰며 표현力 높여요

정답과 해설 119쪽

'돌이킬 반(反)'이 들어가는 어휘를 넣어서 글을 써 보세요.

요즘 반 친구들이 교실 바닥에 쓰레기를 많이 버리고 있어요. 그래서 학급 회의를 열기로 했어요. 주제는 '교실 바닥에 쓰레기를 버리지 말자!'예요. 회의에서 발표할 내 생각을 정리해 보세요.

도움말 반복, 찬반, 반성, 반사 등에 '돌이킬 반(反)'이 들어가요.

예 교실 바닥에 쓰레기를 함부로 버리는 문제가 반복되고 있는 상황입니다. 쓰레기를 버린 사람도, 쓰레기를 치우지 않은 사람도 모두 반성해야 한다고 생각합니다.

따라 쓰며 한자力 완성해요

오늘의 학습을 평가해 보아요. 부족함 보통임 잘함

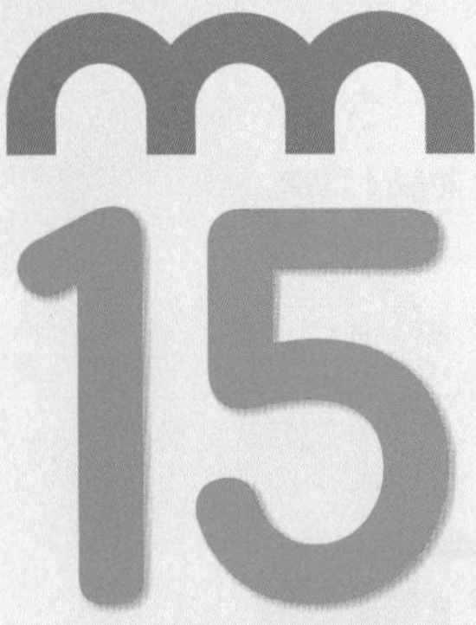

《 공부한 날짜 월 일 》

15 근본 본(本)

‘木(나무 목)’의 아래에 선[一]을 그어 뿌리를 표현한 글자로, ‘근본’이라는 뜻을 나타냅니다.

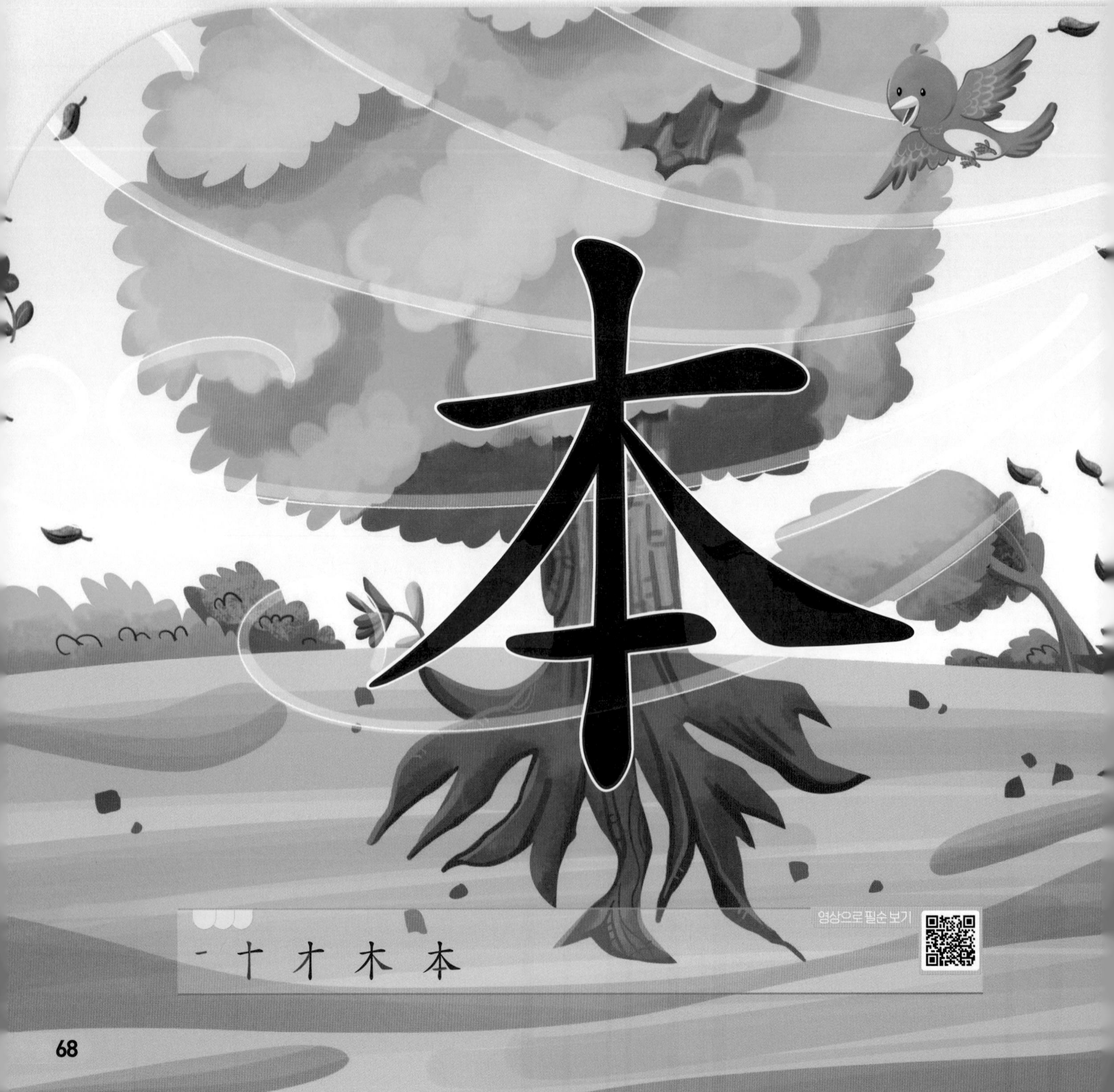
本
영상으로 필순 보기
一 十 才 木 本

'근본 본(本)'이 들어간 어휘

정답과 해설 120쪽

[1~4] 어휘의 뜻을 살펴보고, 알맞은 예문을 찾아 선을 연결하세요.

뜻 사물이나 현상 등의 바탕.

뜻 ① 본보기로 삼을 만한 것.
② 특수한 방법으로 생물을 오래 보존할 수 있게 한 것.

뜻 사물이 생긴 처음.

뜻 문서에서 기본이 되는 글.

1 찰흙으로 만든 화석 모형을 화석 [　　　]와/과 비교해 봅시다.

2 교과서의 [　　　]에서 공부한 내용을 문제를 풀면서 확인해 봅시다.

3 사람이 살아가는 데 [　　　]적으로 필요한 옷, 음식, 집을 통틀어 의식주라고 합니다.

4 음악에서 늘임표는 [　　　] 박자보다 두세 배 더 길게 늘여서 연주하라는 의미의 기호예요.

1 알맞은 설명을 골라 ○표를 하세요.

한자 '本'은 '[木(나무 목) | 水(물 수)]'의 아래에 선을 그어 [맑음 | 근본]이라는 뜻을 나타낸 글자입니다.

2 밑줄 친 '기본(基本)'의 의미로 가장 알맞은 것을 고르세요.

- 게임에 필요한 기본 기능을 배워 봅시다.
- 물에서 빠르게 헤엄치려면 정확한 기본 동작을 익히고 있어야 합니다.

① 복잡한　② 심각한　③ 어려운
④ 재미있는　⑤ 바탕이 되는

3 밑줄 친 부분과 바꾸어 쓸 수 있는 어휘에 ✓표를 하세요.

만들기를 할 때에는 본보기로 삼을 만한 것을 보면서 만들면 더 쉬워요.

□ 사전　□ 표본　□ 바닥　□ 준비물

4 빈칸에 알맞은 어휘를 쓰세요.

1 [　　　]의 내용을 잘 읽고 물음에 답하세요.
↳ 문서에서 기본이 되는 글.

2 찌그러진 축구공에 바람을 불어 넣자, 공의 모양이 [　　　]대로 돌아왔어요.
↳ 사물이 생긴 처음.

글 쓰며 표현力 높여요

정답과 해설 120쪽

'근본 본(本)'이 들어가는 어휘를 넣어서 글을 써 보세요.

어느 날 밤, 역사 책을 읽다가 스르르 잠이 들었어요. 꿈속에서 나는 일제 강점기의 독립 운동가가 되어 있었죠. 나라를 되찾기 위해서는 많은 사람들의 도움이 필요해요. 주변 사람들에게 함께 독립 운동을 하자고 말해 보세요.

도움말 근본, 기본, 표본, 본래 등에 '근본 본(本)'이 들어가요.

예 조선은 본래 우리의 땅입니다. 우리는 우리의 근본을 지키기 위해 끝까지 싸울 것입니다. 저와 함께합시다!

따라 쓰며 한자力 완성해요

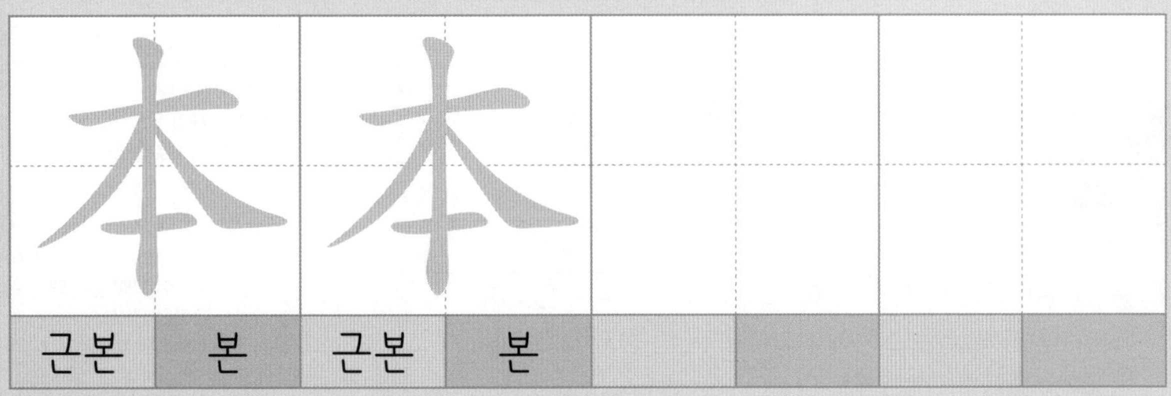

오늘의 학습을 평가해 보아요. 부족함 보통임 잘함

11~15 독해로 마무리해요

정답과 해설 121쪽

1~2 다음 글을 읽고, 물음에 답하세요.

계속되는 환경 오염으로 지구촌의 많은 생명체(生命體)들이 고통받고 있습니다. 세계 여러 나라에서는 환경 오염 문제를 반성(反省)하며 태양광 에너지, 풍력(風力) 에너지 등 새로운 에너지 개발에 많은 노력을 기울이고 있습니다.

태양광과 풍력 에너지의 최대 약점(弱點)은 기본(基本)적으로 날씨의 영향을 받기 때문에 전기가 계속 생산되기 어렵다는 것입니다. 어떤 단체(團體)에서는 찬반(贊反) 의견이 존재하기도 합니다. 그런데 요즘은 반복(反復)되는 상황에서 데이터를 예측하는 인공 지능 기술이 나타났습니다. 즉 해당 지역의 날씨와 전기 발전량을 예측하여 남는 전기는 미리 다른 지역에 팔고, 전기가 부족할 것 같으면 미리 다른 지역에서 사 오는 것입니다. 이를 활용하여 에너지 생산과 소비의 강약(強弱)을 조절할 수 있습니다.

1 이 글의 핵심 내용을 파악하여 빈칸에 알맞은 말을 쓰세요.

{ 환경 오염으로부터 지구를 지키는 새로운 [ ][ ][ ] 개발 }

2 이 글의 내용으로 알맞은 설명에는 ○표를, 그렇지 않은 설명에는 ×표를 하세요.

1 태양광 에너지와 풍력 에너지는 날씨의 영향을 받는다. ………………………… [ ]

2 인공 지능 기술은 전기가 부족할 때를 대비해 남는 전기를 저장한다. …………… [ ]

마 이 동 풍
말 馬 귀 耳 동쪽 東 바람 風

당나라 시인인 '이백(李白)'의 시에서 유래한 말입니다. 동풍, 곧 봄바람이 말[馬]의 귀에 스쳐도 아무 느낌이 없듯이, 다른 사람이 해 주는 조언이나 의견을 귀담아듣지 않고 지나쳐 흘려버림을 이르는 말입니다.

정답과 해설 121쪽

뜻풀이에 해당하는 어휘 칸을 색칠하여, 원주민 마을에 들어갈 수 있는 암호를 맞혀 보세요.

암호

	ㅗ	ㄹ

단어 뜻풀이

① 바람의 힘.
② 찬성과 반대.
③ 생명이 있는 물체.
④ 자기가 직접 겪음.
⑤ 같은 일을 되풀이함.
⑥ 본보기로 삼을 만한 것.
⑦ 사물이나 현상 등의 바탕.
⑧ 강하고 약함. 강하고 약한 정도.
⑨ 모자라서 남에게 뒤떨어지는 점.
⑩ 큰 비를 내리며 부는 매우 센 바람.
⑪ 여러 사람이 모여서 이루어진 모임.
⑫ 힘이나 세력이 약한 사람이나 생물.
⑬ 자신의 말과 행동에 잘못이나 부족함이 없는지 돌이켜 봄.

강약 (強弱)	기본 (基本)	단체 (團體)	태풍 (颱風)	반복 (反復)
반성 (反省)	풍선 (風船)	전후 (前後)	본문 (本文)	인간 (人間)
풍력 (風力)	선풍기 (扇風機)	쇠약 (衰弱)	세상 (世上)	입원 (入院)
찬반 (贊反)	본래 (本來)	좌우 (左右)	반사 (反射)	상하 (上下)
약자 (弱者)	생명체 (生命體)	표본 (標本)	체험 (體驗)	약점 (弱點)

16 자리 석(席)

그늘진 곳에 돗자리를 깔고 앉은 모습을 표현하기 위해 만든 글자로 '자리'나 '깔다'라는 뜻을 나타냅니다.

'자리 석(席)'이 들어간 어휘

정답과 해설 122쪽

● [1~4] 어휘의 뜻을 살펴보고, 빈칸에 알맞은 어휘를 찾아 한글로 쓰세요.

1 진수는 어제 [ ] 해서 알림장을 적지 못했습니다.

2 오늘 공연에 [ ] 하기로 한 사람들은 모두 왔나요?

3 아저씨는 아코디언을 가져와 [ ] 에서 곡을 연주했어요.

4 영화관 한 [ ] 에 관람용 안경을 1개씩 준비하려고 합니다.

문제로 어휘 力 높여요

1 **밑줄 친 어휘와 같은 의미의 한자에 ○표를 하세요.**

지하철에서 할머니께 자리를 양보했어요.

光	信	本	席

2 **'석(席)' 자를 넣어, 빈칸에 공통으로 들어갈 어휘를 쓰세요.**

- [　　　] 사진: 찍은 자리에서 바로 현상이 되어 나오는 사진.
- [　　　] 떡볶이: 손님이 주문을 하면 그 자리에서 바로 만들어 파는 떡볶이.

[✎　　　　]

3 **㉠~㉢ 중 쓰임이 어색한 어휘의 기호를 쓰세요.**

윤서: 국제 어린이 영화제가 열린대. 이번에는 꼭 ㉠참석하고 싶어.
희량: 내가 작년에 가 봤는데, ㉡객석 의자가 딱딱하니까 불편하더라.
윤서: 그러면 영화제를 갈 때 푹신한 ㉢좌석을 챙겨야겠어.

[✎　　　　]

4 **밑줄 친 말에 유의하여 다음 질문에 답하세요.**

출석부

가세원	○
나수영	○
다어진	○
라영은	×
마혜민	○

왼쪽의 출석부는 오늘 학교에 나온 사람을 표시한 것입니다. 다섯 명의 친구들 중에서 오늘 결석한 사람은 누구일까요?

[✎　　　　]

글 쓰며 표현力 높여요

정답과 해설 122쪽

○ '자리 석(席)'이 들어가는 어휘를 넣어서 글을 써 보세요.

놀이공원으로 현장 학습을 다녀왔어요. 놀이공원에서 맛있는 음식도 먹고, 공연도 보고, 선물도 받으며 즐거운 시간을 보냈어요. 마침 시골에 계신 할머니께 전화가 왔네요. 놀이공원에서 있었던 일을 할머니께 말해 볼까요?

도움말 즉석, 참석, 방석, 객석 등에 '자리 석(席)'이 들어가요.

예 현장 학습으로 놀이공원에 다녀왔어요. 놀이공원에서 파는 즉석 떡볶이도 맛있게 먹고, 공연도 재미있게 봤어요. 모든 좌석이 사람으로 가득 찼어요! 다음에는 할머니도 같이 가요!

따라 쓰며 한자力 완성해요

오늘의 학습을 평가해 보아요. 부족함 보통임 잘함

옮길 운(運)

'辶(쉬엄쉬엄 갈 착)'과 '軍(군사 군)'이 합한 글자로, 군대가 짐을 꾸려 어디론가 이동하는 모습을 나타내며 '움직이다', '옮기다'를 뜻합니다.

運

영상으로 필순 보기

丶 冖 冖 冖 冖 冖 冒 宣 軍 軍 渾 渾 運

'옮길 운(運)'이 들어간 어휘

정답과 해설 123쪽

[1~4] 어휘의 뜻을 살펴보고, 알맞은 예문을 찾아 선을 연결하세요.

뜻 건강을 위하여 몸을 움직이는 일.

• 1 항구 근처에서 식당이나 숙박 시설을 (   )하기도 합니다.

뜻 어떠한 집단이나 그 집단의 일을 목적에 맞게 관리하고 이끌어 나감.

• 2 내 체력에 알맞은 (   )을 선택하여 꾸준히 하는 것이 중요합니다.

뜻 물건을 옮겨 나름.

• 3 옷을 만들고 (   )하며 이용한 뒤 버리는 과정에는 여러 자원이 사용됩니다.

뜻 배나 비행기가 정해진 항로나 목적지를 오고 감.

• 4 풍랑 주의보가 내려졌을 때는 바다에 나가는 것이 위험하므로 배를 (   )할 수 없습니다.

문제로 어휘力 높여요

1 **밑줄 친 부분과 뜻이 비슷한 어휘에 ○표를 하세요.**

개미들이 음식 부스러기들을 개미굴로 <u>옮기고</u> 있습니다.

운전 | 운반 | 운용 | 운행

2 **밑줄 친 어휘에 해당하지 <u>않는</u> 것을 고르세요.**

올림픽에서 최선을 다해 경기하는 선수들을 보고, 나도 <u>운동</u>이 배우고 싶어졌어.

① 수영 ② 독서 ③ 축구 ④ 태권도 ⑤ 테니스

3 **'운(運)' 자를 넣어, 빈칸에 공통으로 들어갈 어휘를 쓰세요.**

- 봉찬이네 삼촌은 학교 앞에서 문구점을 [ ]하신다.
- 우리 반에서는 친구의 고민을 같이 풀기 위해 마음의 소리함을 [ ]한다.

[✎]

4 **다음 표의 빈칸에 알맞은 어휘를 쓰세요.**

비행기 ㅇ ㅎ 시간표

노선	편명	출발	도착
김포 → 제주	VS0525	9:10	10:20
제주 → 김포	VS6022	15:00	16:10

[✎]

글 쓰며 표현力 높여요

정답과 해설 123쪽

'옮길 운(運)'이 들어가는 어휘를 넣어서 글을 써 보세요.

내일은 우리 가족이 새집으로 이사하는 날! 이사하기 전, 가족들과 함께 이사를 잘하기 위해 각자 해야 할 일이 무엇인지 이야기하는 시간을 가졌어요. 이사 장면을 머릿속에 떠올려 보고, 내가 할 수 있는 일이 무엇인지 말해 보세요.

도움말 운반, 운행, 운전, 운동화 등에 '옮길 운(運)'이 들어가요.

예 이사하는 날은 안전하게 짐을 옮길 수 있도록 운동화를 신을 거예요. 그리고 제 방에 있는 작은 장난감들을 상자에 정리해서 하나씩 이삿짐 차로 운반할 거예요.

따라 쓰며 한자力 완성해요

오늘의 학습을 평가해 보아요. 부족함 보통임 잘함

정할 정(定)

'宀(집 면)'과 '疋(바를 정)'이 합한 글자로, 집안[宀]이 편안하여 안정적[疋]이라는 뜻이 확대되어 '정하다', '안정시키다'라는 뜻을 나타냅니다.

영상으로 필순 보기

丶 丶 宀 宀 宀 宇 宇 定

‘정할 정(定)’이 들어간 어휘

정답과 해설 124쪽

[1~4] 어휘의 뜻을 살펴보고, 빈칸에 알맞은 어휘를 찾아 한글로 쓰세요.

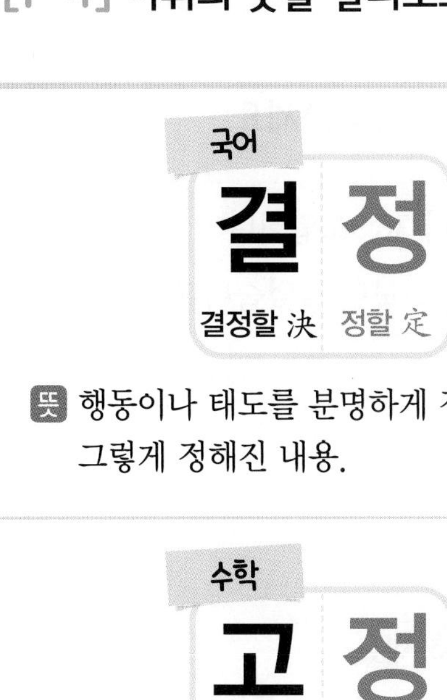

뜻 행동이나 태도를 분명하게 정함. 또는 그렇게 정해진 내용.

뜻 수량·크기·성질 등을 기계나 장치로 재는 것.

뜻 ① 정한 것을 바꾸지 않음.
② 한곳에 꼭 붙어 있거나 붙어 있게 함.

뜻 ① 좋다고 할 만한 것.
② 이롭다고 볼 만한 것.

1 구멍이 있는 단추를 실로 묶어 단단하게 (　　　　)합니다.

2 친구들과 의견을 모아 함께 읽고 싶은 책을 (　　　　)합니다.

3 저울을 사용하면 물체의 무게를 정확하게 (　　　　)할 수 있습니다.

4 우리 주변에는 (　　　　)인 태도로 어려움을 이겨 낸 사람들이 많습니다.

문제로 어휘力 높여요

1 **'정(定)' 자를 넣어, 밑줄 친 곳에 공통으로 들어갈 어휘를 쓰세요.**

- 이비인후과에서 온도계로 체온을 ________하니 36.9도입니다.
- 배부르게 밥을 먹고 몸무게를 ________하니 평소보다 늘었습니다.

[✎]

2 **밑줄 친 부분과 바꾸어 쓸 수 있는 어휘에 ○표를 하세요.**

앞으로 밥을 먹을 때 반찬을 가리지 않고 골고루 먹기로 다짐했어.

인정 가정 결말 결정

3 **빈칸에 공통으로 들어갈 어휘를 쓰세요.**

ㄱ ㅈ 관념
뜻 잘 변하지 않는, 행동을 주로 결정하는 확고한 생각.
예문 윤재는 수학은 어렵기만 하다는 ㄱ ㅈ 관념이 있다.

[✎]

4 **밑줄 친 말에 유의하여, 다음 물음에 알맞은 대답을 찾아 ✓표를 하세요.**

오늘은 아침부터 비가 내리는 상황입니다. 이 상황을 긍정적으로 바라보고 있는 친구의 대답은 무엇인가요?

- [ ] **경호:** 비가 오니 하루 종일 기분이 우울해. 나는 비가 오는 게 싫어.
- [ ] **남렬:** 비가 내려서 화단의 꽃들도 시원하겠어! 비가 와서 다행이야.

글 쓰며 표현力 높여요

정답과 해설 124쪽

‘정할 정(定)’이 들어가는 어휘를 넣어서 글을 써 보세요.

식목일을 맞아 오늘부터 식물을 키우기로 했어요. 어떤 식물을 키우고 싶은가요? 그리고 그 식물이 잘 자라기 위해서는 내가 무엇을 해 주면 좋을까요?

도움말 결정, 측정, 고정, 긍정적 등에 ‘정할 정(定)’이 들어가요.

예 저는 해바라기를 키우기로 결정했어요. 해바라기가 잘 자랄 수 있도록 매일 긍정적인 말을 해 줄 거예요.

따라 쓰며 한자力 완성해요

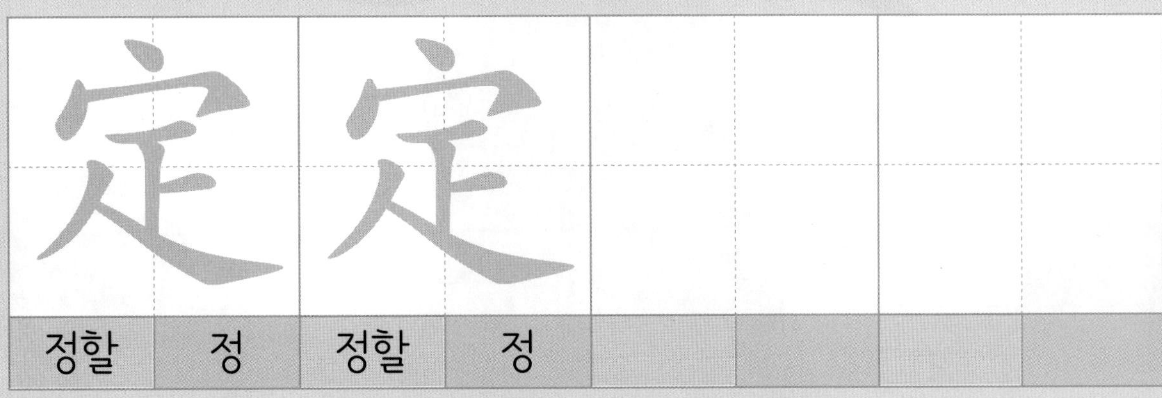

오늘의 학습을 평가해 보아요. 부족함 보통임 잘함

《 공부한 날짜 월 일 》

모을 집(集)

'隹(새 추)'와 '木(나무 목)'이 합하여 새가 나무 위에 앉아 있는 모습을 표현한 글자로, '모으다'나 '모이다'라는 뜻을 나타냅니다.

영상으로 필순 보기

丿 亻 亻 亻' 亻' 亻' 仹 隹 隹 隼 隼 集

'모을 집(集)'이 들어간 어휘

정답과 해설 125쪽

[1~4] 어휘의 뜻을 살펴보고, 알맞은 예문을 찾아 선을 연결하세요.

뜻 사람이나 작품, 물품을 일정한 조건 아래 널리 알려 뽑아 모음.

1 나는 4학년 친구들이 지은 시를 모은 [　　　]을 읽었어.

뜻 여러 편의 시를 모아서 엮은 책.

2 봉사 활동과 여러 체험을 함께할 체험단을 [　　　]합니다.

뜻 여럿이 모여 이룬 모임.

3 문화유산과 역사적 인물과 관련된 자료를 [　　　]해 봅시다.

뜻 취미나 연구를 위하여 여러 가지 물건이나 재료를 찾아 모음.

4 '깃발'은 주로 [　　　]이나 여러 사람의 맨 앞에서 드는 물건입니다.

문제로 어휘 力 높여요

1 밑줄 친 곳에 공통으로 들어갈 어휘에 ○표를 하세요.

숲을 사랑하는 어린이 봉사단을 ________ 합니다! 참가를 원하는 어린이는 ________ 신청서를 작성하여 전자 우편으로 보내 주세요.

모금 | 채집 | 모집 | 고집

2 밑줄 친 부분과 바꾸어 쓸 수 있는 어휘에 ○표를 하세요.

장원이는 단풍잎을 모아서 책갈피를 만드는 것이 취미입니다.

(소집해서 | 수집해서)

3 빈칸에 알맞은 어휘를 고르세요.

개미, 꿀벌, 기러기는 무리를 지어 [ ] 생활을 하는 동물입니다.

① 집단 ② 집착 ③ 집중 ④ 집회 ⑤ 집계

4 '집(集)' 자를 넣어, 빈칸에 알맞은 어휘를 쓰세요.

어린이 낭송 [ ]

1. 봄에 읽는 시 04쪽
2. 여름에 읽는 시 20쪽
3. 가을에 읽는 시 35쪽
4. 겨울에 읽는 시 50쪽

글 쓰며 표현力 높여요

정답과 해설 125쪽

‘모을 집(集)’이 들어가는 어휘를 넣어서 글을 써 보세요.

이번 방학 숙제는 산이나 바다에 가서 그곳에서만 볼 수 있는 것들을 이용해 특별한 활동을 해 보는 거예요. 산이나 바다의 풍경을 떠올려 보고, 무엇으로 어떤 활동을 하면 좋을지 자유롭게 이야기해 보세요.

도움말 시집, 수집, 채집, 집중 등에 ‘모을 집(集)’이 들어가요.

예 저는 산으로 가서 바닥에 떨어진 도토리나 알밤, 솔방울을 채집하고, 이런 작은 열매에 대한 조사 활동을 할 거예요. 도토리나 알밤은 작은 동물 친구들이 먹는 거라, 가장 작고 예쁘게 생긴 것 하나에만 집중하여 골라 올까 해요.

따라 쓰며 한자力 완성해요

오늘의 학습을 평가해 보아요. 부족함 보통임 잘함

20 다닐 행(行)

사람이나 마차가 다니던 잘 정리된 사거리의 모양을 본뜬 글자로 '길'이나 '도로', '다니다'라는 뜻을 나타냅니다.

정답과 해설 126쪽

[1~4] 어휘의 뜻을 살펴보고, 빈칸에 알맞은 어휘를 찾아 한글로 쓰세요.

1 기차를 타고 가족 (　　　　)을 다녀왔습니다.

2 민서의 말이나 (　　　　)에 나타난 마음을 짐작해 봅시다.

3 태양계 (　　　　) 중에서 가장 작은 것은 수성이고, 가장 큰 것은 목성입니다.

4 인공위성은 지구 주변을 도는 (　　　　) 물체로 날씨, 위치 등 다양한 정보를 알려 줍니다.

문제로 어휘力 높여요

1 밑줄 친 곳에 공통으로 들어갈 어휘에 ✓표를 하세요.

• 지구는 태양에서 세 번째로 가까운 ________이다.
• 우주 망원경을 통해 외계의 ________이 관측되고 있다.

☐ 혜성 ☐ 유성 ☐ 행성 ☐ 위성

2 나열된 동물들의 공통점을 찾아, 빈칸에 알맞은 어휘를 쓰세요.

꿀벌 독수리
잠자리 날다람쥐

→ 모두 [　　　]을/를 할 수 있다.
↳ 공중으로 날아가거나 날아다님.

3 빈칸에 알맞은 어휘를 넣어 질문을 완성하세요.

지난 방학에 다녀온 [ㅇ][ㅎ]에 대해 말해 볼까요?

용명: 가족과 함께 제주도 해변가에서 놀다 왔어요.
일환: 친척이 살고 있는 파리에 가서 에펠탑을 구경하고 왔어요.
혜진: 가족들과 춘천에 놀러 가서 케이블카를 타고 호수를 감상했어요.

[✎ 　　　　]

4 밑줄 친 '행' 자가 왼쪽 한자로 쓰이지 않는 것에 ✓표를 하세요.

行

㉠ 일이 순조롭게 진행되고 있다. ☐
㉡ 우리는 계획을 행동으로 옮겼다. ☐
㉢ 하는 일마다 행운이 함께 하기를 빕니다. ☐

글 쓰며 표현力 높여요

정답과 해설 126쪽

◎ '다닐 행(行)'이 들어가는 어휘를 넣어서 글을 써 보세요.

야호! 이번 수학여행 장소는 우리들의 의견을 모아 결정한대요. 그래서 모둠별로 수학여행 가고 싶은 곳을 정해서 선생님께 말씀 드리기로 했어요. 수학여행 가고 싶은 곳을 모둠 구성원들과 이야기해 볼까요?

 행성, 여행, 비행, 유행 등에 '다닐 행(行)'이 들어가요.

예 사촌형이 지난번에 비행기를 타고 제주도에 갔는데 정말 재미있었대. 요즘 제주도가 수학여행 장소로 유행이라는데, 제주도는 어때?

따라 쓰며 한자力 완성해요

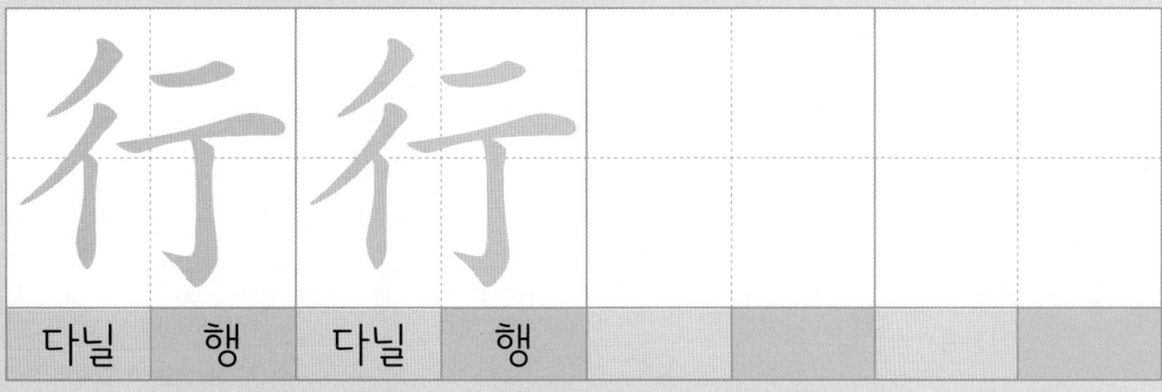

行		行					
다닐	행	다닐	행				

오늘의 학습을 평가해 보아요. 부족함 보통임 잘함

16~20 독해로 마무리해요

정답과 해설 127쪽

1~2 다음 글을 읽고, 물음에 답하세요.

은하수 유람선을 타고 우주로 떠나 별들 사이를 여행(旅行)할 손님을 모집(募集)합니다. 우리 유람선은 풍부한 관람을 위해 몸체가 360도 돌아가니, 비행(飛行)하는 동안에는 안전띠로 몸을 단단히 고정(固定)하고 좌석(坐席)에 앉아 돌발 행동(行動)을 삼가 주세요. 도착하는 행성(行星)마다 다양한 즉석(卽席) 공연이 열립니다. 유람선의 운항(運航) 계획표를 참고하시면 원하는 공연에 ☐☐할 수 있습니다. 소원을 들어주는 유성을 보고 싶으신 손님께서는 유성이 지나갈 때 놓치지 말고 집중(集中)해 주세요! 유아 손님은 안전을 위해 타기 전에 키와 체중을 측정(測定)하니 운영(運營) 요원에게 문의 바랍니다.

1 ☐☐에 들어갈 어휘로 적절한 것을 고르세요.

① 참견 ② 참고 ③ 불참 ④ 참석 ⑤ 결석

2 '은하수 유람선'에 대한 설명으로 알맞지 않은 것을 고르세요.

① 유람선에는 안전띠가 있다.
② 행성마다 즉석 공연을 한다.
③ 소원을 들어주는 유성을 볼 수 있다.
④ 비행하는 동안 뛰어다닐 수 있다.
⑤ 유아 손님은 타기 전에 키와 체중을 측정한다.

생활 속 성어

좌 불 안 석
앉을 坐 아닐 不 편안할 安 자리 席

마음이나 상황이 불편하여 어쩔 줄 모르는 모양을 나타낸 말입니다. 자리를 지키고 있지만 주변 사정이 불확실하여 걱정이 많은 상황에서 쓰입니다.

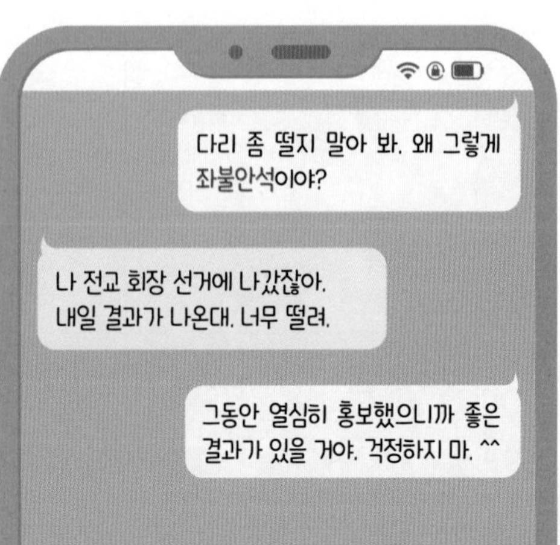

놀이로 정리해요

정답과 해설 127쪽

뜻풀이와 초성을 단서로 어휘를 완성하며 징검다리를 건너 보세요.

급수 시험 맛보기

1 한자의 뜻과 음으로 바른 것을 고르세요.

1 本　① 길 로　② 근본 본　③ 약할 약　④ 자리 석

2 別　① 빛 광　② 눈 목　③ 나눌 별　④ 밝을 명

2 뜻과 음에 알맞은 한자를 고르세요.

1 셀 계　① 計　② 風　③ 集　④ 反

2 다닐 행　① 運　② 成　③ 信　④ 行

3 어휘를 바르게 읽은 것을 고르세요.

1 高原　① 최고　② 고원　③ 근원　④ 고속

2 光復　① 광택　② 채광　③ 광복　④ 반복

4 어휘의 뜻으로 알맞은 것을 고르세요.

1 強弱

① 길고 짧음.　② 덥고 추움.　③ 어둡고 밝음.　④ 강하고 약함.

2 決定

① 물건을 옮겨 나름.

② 모임이나 회의 자리에 참여함.

③ 행동이나 태도를 분명하게 정함.

④ 큰 비를 내리며 부는 매우 센 바람.

정답과 해설 128쪽

5 밑줄 친 어휘를 바르게 읽은 것을 고르세요.

1 눈이 쌓인 <u>道路</u>에서 꼼짝도 못 하고 있다.

① 경보 ② 미로 ③ 도보 ④ 도로

2 파리의 루브르 박물관은 <u>本來</u> 왕족이 살던 궁전이었다.

① 본문 ② 본래 ③ 노래 ④ 표본

6 밑줄 친 어휘를 한자로 바르게 쓴 것을 고르세요.

서점에서 좋아하는 시인의 <u>시집</u>을 골라 친구에게 선물하였다.

① 詩集 ② 蒐集 ③ 募集 ④ 詩人

7 '失敗'와 뜻이 반대인 어휘를 고르세요.

① 損失 ② 生成 ③ 失手 ④ 成功

8 빈칸에 공통으로 들어갈 한자를 고르세요.

固□ □驗 生命□

① 高 ② 定 ③ 體 ④ 信

정답과 해설

정답
QR 코드

완자

공부력 가이드

완자 공부력 시리즈는
앞으로도 계속 출간될 예정입니다.

완자 공부력 시리즈로 공부 근육을 키워요!

매일 성장하는
초등 자기개발서

완자 공부력

학습의 기초가 되는 읽기, 쓰기, 셈하기와 관련된 공부력을 키워야 여러 교과를 터득하기 쉬워집니다. 또한 어휘력과 독해력, 쓰기력, 계산력을 바탕으로 한 '공부력'은 자기주도 학습으로 상당한 단계까지 올라갈 수 있는 밑바탕이 되어 줍니다. 그래서 매일 꾸준한 학습이 가능한 **'완자 공부력 시리즈'**로 공부하면 **자기주도학습이 가능한 튼튼한 공부 근육**을 키울 수 있을 것이라 확신합니다.

효과적인 공부력 강화 계획을 세워요!

학년별 공부 계획

내 학년에 맞게 꾸준하게 공부 계획을 세워요!

		1-2학년	3-4학년	5-6학년
기본	독해	국어 독해 1A 1B 2A 2B	국어 독해 3A 3B 4A 4B	국어 독해 5A 5B 6A 6B
	계산	수학 계산 1A 1B 2A 2B	수학 계산 3A 3B 4A 4B	수학 계산 5A 5B 6A 6B
	어휘	전과목 어휘 1A 1B 2A 2B	전과목 어휘 3A 3B 4A 4B	전과목 어휘 5A 5B 6A 6B
		파닉스 1 2	영단어 3A 3B 4A 4B	영단어 5A 5B 6A 6B
확장	어휘	전과목 한자 어휘 1A 1B 2A 2B	전과목 한자 어휘 3A 3B 4A 4B	전과목 한자 어휘 5A 5B 6A 6B
	쓰기	맞춤법 바로 쓰기 1A 1B 2A 2B		
	독해		한국사 독해 인물편 1 2 3 4	
			한국사 독해 시대편 1 2 3 4	

시기별 공부 계획

학기 중에는 **기본**, 방학 중에는 **기본 + 확장**으로 공부 계획을 세워요!

방학 중			
학기 중			
기본			확장
독해	계산	어휘	어휘, 쓰기, 독해
국어 독해	수학 계산	전과목 어휘	전과목 한자 어휘
		파닉스(1~2학년) 영단어(3~6학년)	맞춤법 바로 쓰기(1~2학년) 한국사 독해(3~6학년)

예시 초1 학기 중 공부 계획표 주 5일 하루 3과목 (45분)

월	화	수	목	금
국어 독해	국어 독해	국어 독해	국어 독해	국어 독해
수학 계산	수학 계산	수학 계산	수학 계산	수학 계산
전과목 어휘	파닉스	전과목 어휘	전과목 어휘	파닉스

예시 초4 방학 중 공부 계획표 주 5일 하루 4과목 (60분)

월	화	수	목	금
국어 독해	국어 독해	국어 독해	국어 독해	국어 독해
수학 계산	수학 계산	수학 계산	수학 계산	수학 계산
전과목 어휘	영단어	전과목 어휘	전과목 어휘	영단어
한국사 독해 인물편	전과목 한자 어휘	한국사 독해 인물편	전과목 한자 어휘	한국사 독해 인물편

셀 계(計)

'셀 계(計)'가 들어간 어휘

본문 9쪽

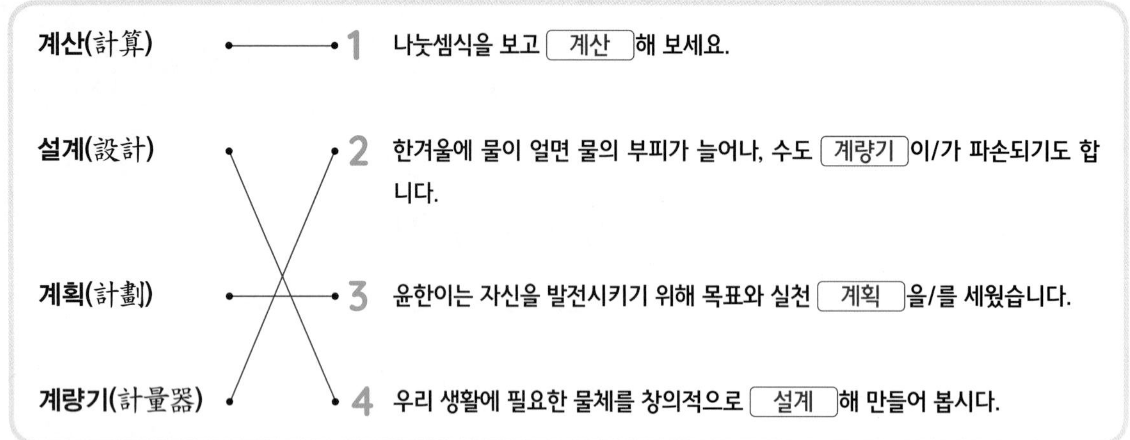

문제로 어휘力 높여요

본문 10쪽

1 1 계산 2 계획

1 문구점 주인 아저씨가 수를 잘못 헤아린 상황이므로, '계산(計算)'이 들어갈 수 있다.
2 할머니 댁에 가기로 미리 생각하고 있었던 상황이므로, '계획(計劃)'이 들어갈 수 있다.

2 ㉠

㉠의 빈칸에는 한데 합하여 헤아린 수를 의미하는 '합계(合計)'가 들어가는 것이 자연스럽다. 나머지 두 문장은 계획을 세우거나, 기계 제작 등의 실제적인 계획을 세워 제시하는 것과 관련된 내용이므로 '설계(設計)'가 알맞다.

3 ③

'계량기(計量器)'는 수량을 헤아리거나 부피, 무게 등을 재는 기구이므로 수도, 전류, 연료 등의 양을 잴 때 사용할 수 있다. 수학 문제를 채점할 때는 계량기를 사용하지 않는다.

4 계량

'계산', '설계', '계획'은 모두 미리 헤아려서 계획하거나 예상한다라는 의미를 지니고 있어서 제시된 문장에 들어가도 의미가 자연스럽다. 그러나 '계량'은 수량을 헤아리고 부피나 무게를 잰다는 의미이므로, 제시된 문장에 들어가면 의미가 어색해진다.

글 쓰며 표현力 높여요

본문 11쪽

예시 우리 반 학급비를 계산해 봤더니 한 달에 5만 원씩 쓸 수 있어. 이 금액을 기준으로 일 년간 우리 반 학급비 사용 계획을 세우면, 학급비가 부족하거나 남지 않을 거야. 혹시 내 설계에 문제가 있다면 말해 줘.

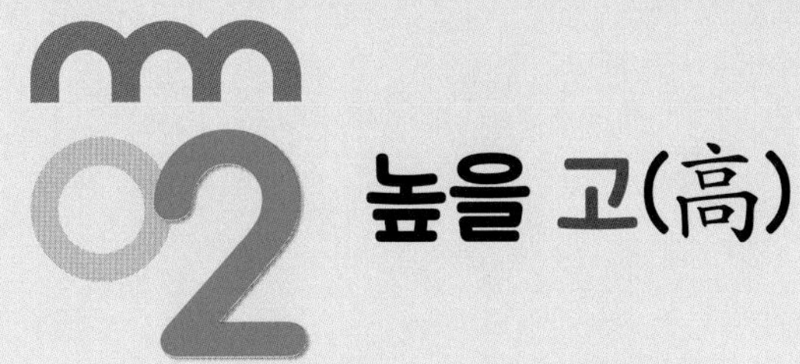

높을 고(高)

'높을 고(高)'가 들어간 어휘

본문 13쪽

1 결승선을 빨리 통과할 수 있도록 끝까지 [최고] 속도로 달려야 합니다.

2 화성에는 높이 솟은 [고원] 지대도 있고, 길게 뻗은 좁은 협곡도 있습니다.

3 [고층] 건물에 있는 전망대에 오르면 평소에 보지 못했던 풍경을 볼 수 있습니다.

4 오늘날 사람들은 승용차, 버스, [고속] 열차, 비행기 등과 같은 다양한 교통수단을 이용합니다.

문제로 어휘力 높여요

본문 14쪽

1 가끔 할아버지께서는 우리에게 전쟁에서 겪은 고생담을 들려주십니다.

'고열'은 '높을 고(高)'와 '더울 열(熱)' 자를 써서, 몸에서 나는 높은 열을 의미한다. '고원'은 '높을 고(高)'와 '언덕 원(原)' 자를 써서, 해발 고도 600미터 이상인 높은 산지에 있는 넓은 벌판을 의미한다. 그러나 '고생'은 '쓸 고(苦)'에 '날 생(生)' 자를 써서, 어렵고 괴로운 생활을 의미한다.

2 빠른 속도

'고속'은 '높을 고(高)'와 '빠를 속(速)'으로 이루어진 어휘로, 매우 빠른 속도를 의미한다.

3 최고(最高)

'최고(最高)'는 가장 높음, 또는 으뜸을 의미하므로 제시된 문장 모두의 빈칸에 들어갈 수 있다. '고가(高價)'는 비싼 가격, '숭고(崇高)'는 뜻이 높고 고상함, '고령(高齡)'은 나이가 많음을 뜻한다.

4 ㉢

'고층'은 여러 층으로 된 것의 높은[高] 층을 의미한다. 따라서 이와 뜻이 반대인 어휘는 여러 층으로 된 것의 낮은[低] 층을 의미하는 '저층'이다.

글 쓰며 표현力 높여요

본문 15쪽

예시 여기는 ○○ 건물의 옥상 공원인데, 문이 잠겼어요! 승강기를 타고 최고 높은 층에서 내리신 후에, 비상계단으로 올라와 주세요. 고층에 갇혀 있으니 춥고 무서워요. 도와주세요!

03 나눌 별(別)

○ '나눌 별(別)'이 들어간 어휘

본문 17쪽

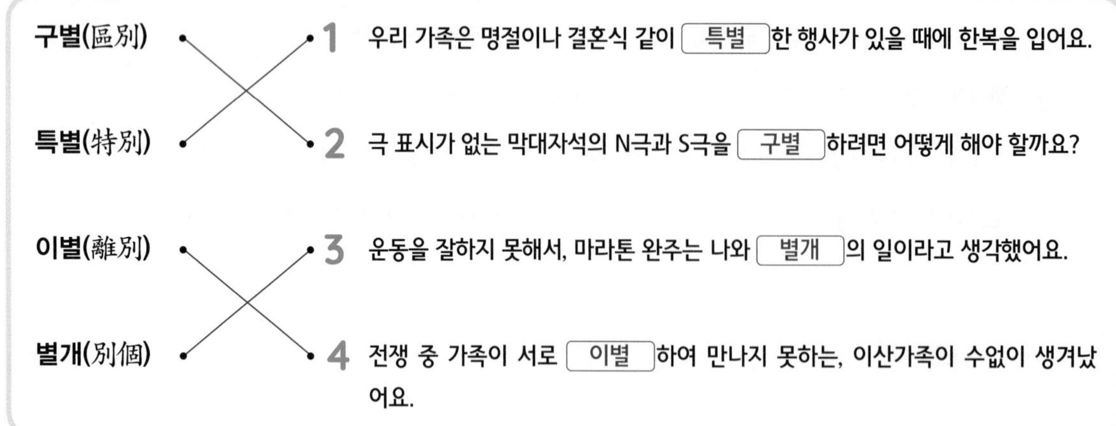

문제로 어휘力 높여요

본문 18쪽

1 성질이나 종류에 따라 차이가 남.

'구별'은 '구분할 구(區)'와 '나눌 별(別)'로 이루어진 어휘로, 제시된 문장에서는 성질이나 종류에 따라 차이가 남을 의미한다.

2 ㉡

'이별(離別)'은 서로 갈리어 떨어짐을 뜻한다. 따라서 이 어휘는 친구와 다른 학교, 또는 다른 반이 되거나, 누가 다른 지역으로 이사를 가게 되는 상황과 관련이 있다. 성향이나 취미가 서로 다른 것은 이별의 이유가 될 수는 있어도, 이별 자체의 상황에는 해당하지 않는다.

3 동생은 장난을 자주 쳐서 개구쟁이라는 <u>별개</u>로 불리고 있어요.

'별개(別個)'는 관련성이 없이 서로 다름을 의미한다. 두 번째 문장은 동생이 다른 이름으로 불린다는 내용이므로, '별개'라는 어휘와 어울리지 않는다. 이 문장에는 '사람의 외모나 성격 등을 바탕으로 남들이 지어 부르는 이름.'을 뜻하는 '별명(別名)'이 어울린다.

4 1 작별　　2 각별

1 '이별(離別)'은 '서로 갈리어 떨어짐.'이라는 의미로, 인사를 나누고 헤어진다는 의미의 '작별(作別)'과 뜻이 비슷하다.
2 '특별(特別)'은 '보통과 다름.'이라는 의미로, 어떤 일에 대한 마음가짐이나 자세가 다른 것에 비해 아주 다르다는 의미의 '각별(各別)'과 뜻이 비슷하다.

글 쓰며 표현力 높여요

본문 19쪽

예시 '짜장이'는 까만 털과 까만 눈동자가 무척 예쁜 고양이야. 내가 태어날 때부터 함께했던 친구라서 누구보다 각별했어. 짜장이가 아파서 하늘나라로 가면서 이별하게 됐지만, 우리가 함께했던 시간들은 내게 아주 특별한 추억이야.

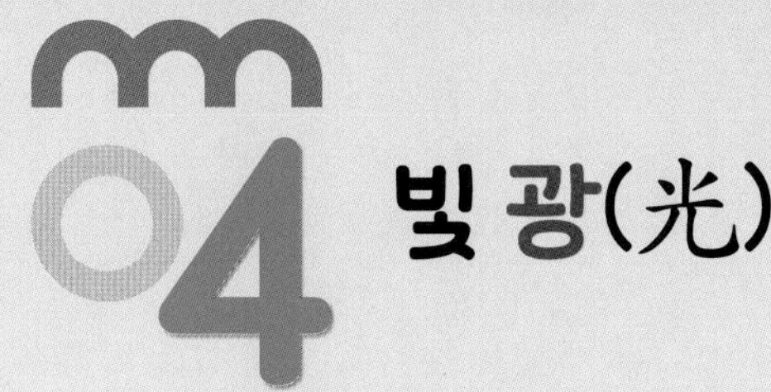

빛 광(光)

‘빛 광(光)’이 들어간 어휘

본문 21쪽

1 금속은 다른 물질보다 단단하고, 광택 이 있습니다.

2 전시에서는 작품의 선정과 진열, 채광 과 조명이 중요합니다.

3 일제로부터 나라를 되찾은 광복 이후 대한민국 정부의 수립 과정을 살펴봅시다.

4 앞으로 태양광 을 이용하는 자동차가 등장하면 주유소에서 연료를 안 넣어도 이동할 수 있습니다.

문제로 어휘力 높여요

본문 22쪽

1 광택

두 문장의 빈칸에는 모두 물체의 표면에서 나는 빛과 관련된 어휘가 들어가야 하므로, ‘광택(光澤)’이 알맞다.

2 ㉠

‘채광(採光)’은 창문 등을 내어 햇빛을 비롯한 광선을 받아들임을 뜻한다. ㉠에는 벌어진 일의 형편이나 모양을 뜻하는 ‘광경(光景)’이 어울린다.

3 復(돌아올 복)

‘광복’은 빼앗긴 주권을 도로 찾음을 의미하므로, ‘빛 광(光)’과 ‘돌아올 복(復)’으로 이루어진 어휘임을 알 수 있다.

4 1 야광 2 태양광

1 빛이 없는 밤에도 잘 보이는 시계의 특성과 관련된 내용이므로, 빈칸에 ‘야광(夜光)’이 알맞다.

2 전기를 생산하는 에너지의 종류와 관련된 내용이므로, 빈칸에 ‘태양광(太陽光)’이 알맞다.

글 쓰며 표현力 높여요

본문 23쪽

예시 그리웠던 친구가 나타나자 복도는 태양광이 비추는 것처럼 환해졌고, 친구의 얼굴은 밤에도 반짝반짝 빛이 나는 야광 붙임 딱지처럼 보였다. 우리는 서로 인사를 나눈 후, 방학 동안 잘 먹어 서로의 얼굴에 광택이 난다며 농담을 주고받기도 하였다.

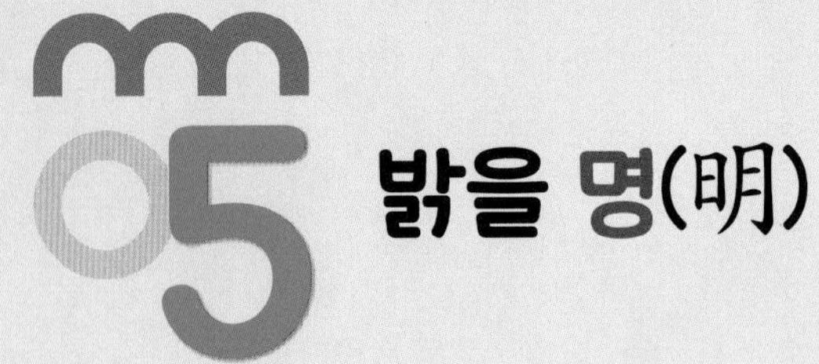

밝을 명(明)

'밝을 명(明)'이 들어간 어휘

본문 25쪽

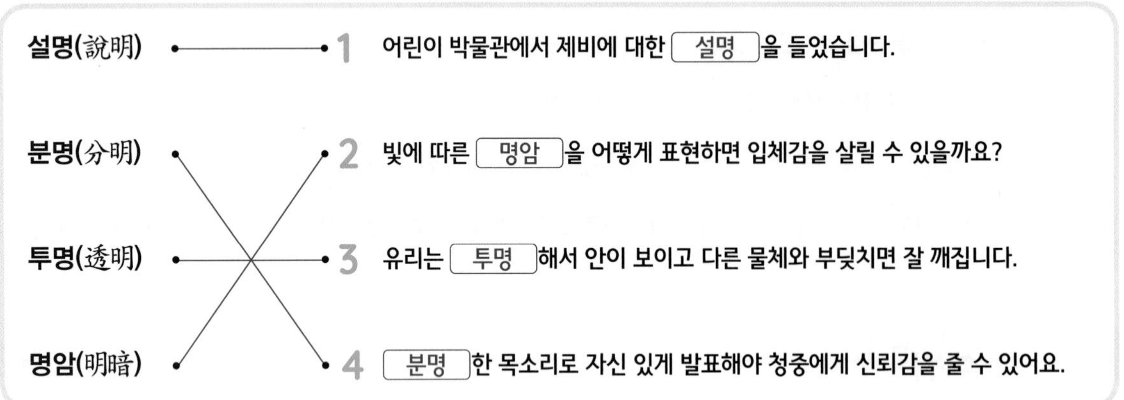

문제로 어휘力 높여요

본문 26쪽

1 ⑤

'밝을 명(明)'이 포함된 어휘는 '밝다', '밝히다' 등과 같은 의미가 들어가야 한다. '유명'은 '有(있을 유)'와 '名(이름 명)'을 써서 '이름이 널리 알려져 있음.'을 의미하는 어휘로, 이러한 뜻과 관련이 없다.

2 분명

두 문장의 빈칸에는 틀림없이 확신하는 상황과 관련된 어휘가 들어가야 하므로, '분명(分明)'이 알맞다.

3 1 맑음 2 분명함

1 유리그릇의 특성을 생각해 볼 때, '속까지 환히 비치도록 맑음.'이라는 뜻으로 쓰였다.
2 심사 기준을 분명하게 공개해야 된다는 내용으로, '말이나 태도, 상황 등이 분명함.'이라는 뜻으로 쓰였다.

4 1 명암 2 설명

1 오른쪽 그림에서 면마다 색이 다르게 칠해진 까닭이 빛과 관련 있다고 하였으므로, 빈칸에는 밝고 어두움을 뜻하는 '명암(明暗)'이 들어가야 한다.
2 누나의 풀이를 듣고 잘 이해가 되었다고 하였으므로, 빈칸에는 어떤 일이나 대상의 내용을 상대가 잘 알 수 있도록 밝혀 말함을 뜻하는 '설명(說明)'이 들어가야 한다.

글 쓰며 표현力 높여요

본문 27쪽

예시 주변의 온도와 습도에 따라 건강과 기분이 달라진다는 사실은 이미 증명되었습니다. 여기에서 아이디어를 얻어, 반경 10미터 내의 온도와 습도를 최적으로 바꾸어 주는 기계를 발명하였습니다. 한번 사용해 보세요. 분명 건강과 기분이 좋아지는 경험을 할 수 있을 것입니다.

01~05 독해 / 놀이

독해로 마무리해요

본문 28쪽

1 태양광

이 글은 태양광을 얻는 새로운 기술에 대하여 설명하고 있다.

2 ③

태양광 패널은 산간 지역의 발전기를 대신하기 위하여 발명된 것이므로, ㉠에는 '대안'이 알맞다.

놀이로 정리해요

본문 29쪽

◎ 도토리에 적힌 한자가 쓰인 어휘를 골라 미로를 탈출해 보세요.

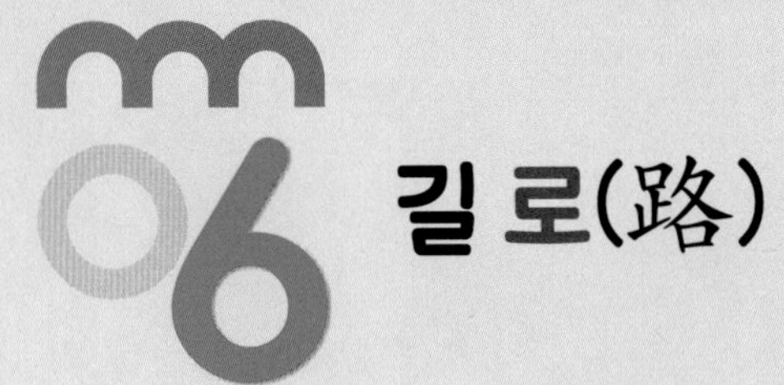

길 로(路)

'길 로(路)'가 들어간 어휘

본문 31쪽

1 도로 양쪽에 같은 수의 [가로수]가 심어져 있습니다.

2 탐방하려는 장소의 위치와 이동 [경로]를 그림으로 그려 보세요.

3 호박처럼 생긴 집들이 [미로]처럼 뒤엉켜 있어 길을 찾기가 어려워요.

4 도시는 많은 사람들이 잘 다닐 수 있도록 [도로]가 발달하였으며 높은 건물도 많습니다.

문제로 어휘 力 높여요

본문 32쪽

1 가로수

빈칸에 길에 있는 나무를 의미하는 어휘가 들어가야 하므로, 큰 길가에 줄지어 심은 나무를 뜻하는 '가로수(街路樹)'가 알맞다. '교차로(交叉路)'는 여러 도로가 서로 만나 엇갈리는 곳을 의미하고, '활주로(滑走路)'는 비행기가 뜨거나 내릴 때 바퀴가 구르며 달리는 평평하고 곧은 길을 의미한다. '가로등(街路燈)'은 밤에 길을 밝히기 위하여 길가에 높이 달아 놓은 전등을 의미한다.

2 들어가면, 어려운

제시된 문장에 쓰인 '미로'는 '미혹할 미(迷)'와 '길 로(路)'로 이루어진 어휘로, 어지럽게 갈래가 져서 한번 들어가면 다시 빠져나오기 어려운 길을 의미한다.

3 ㉡

'도로(道路)'는 사람, 차 등이 잘 다닐 수 있도록 만들어 놓은 비교적 넓은 길을 의미한다. ㉡의 빈칸에는 기차가 다니도록 쇠를 깔아 만든 길을 의미하는 '철로(鐵路)'가 들어가야 한다.

4 경로

거제도에 도착하여 숙소까지의 이동하는 길을 나타내고 있으므로, 빈칸에는 지나가는 길을 뜻하는 '경로(經路)'가 알맞다.

글 쓰며 표현 力 높여요

본문 33쪽

예시 친구들아, 안녕? 우리 집에서 열리는 생일 파티에 초대할게. 우리 집은 학교 바로 길 건너에 있는 아파트 단지에 있어. 학교 후문 쪽 가로수 길과 마주보고 있지. 도로를 건널 때에는 차 조심하는 것 잊지 마!

07 눈 목(目)

'눈 목(目)'이 들어간 어휘

본문 35쪽

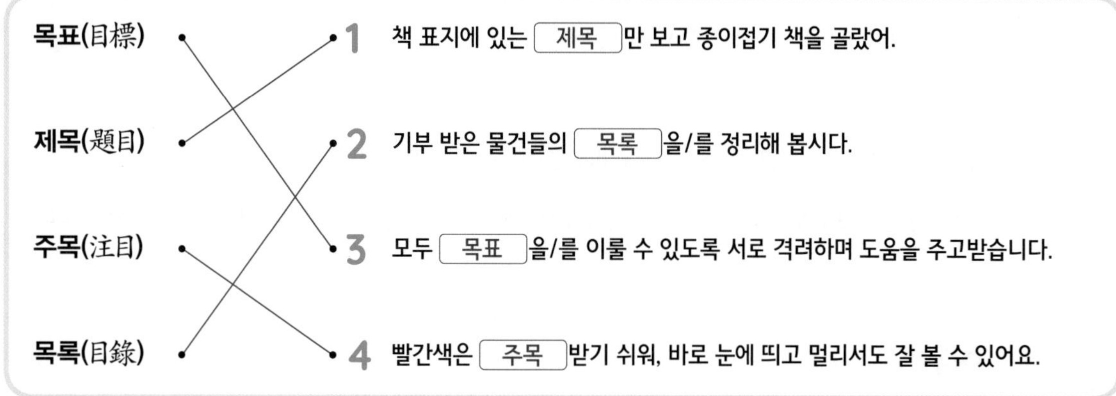

문제로 어휘力 높여요

본문 36쪽

1 눈

'이목구비(耳目口鼻)'는 귀·눈·입·코를 아울러 이르거나 또는 귀·눈·입·코를 중심으로 한 얼굴의 생김새를 의미한다. 이 어휘에서 밑줄 친 '목(目)' 자는 '눈'을 가리킨다.

2 주목을 끈다

밑줄 친 말은 모두가 관심을 갖고 주의 깊게 살피도록 만든다는 뜻이므로, '주목(注目)을 끈다'와 바꾸어 쓸 수 있다. '안목(眼目)'은 사물을 보고 분별하는 능력을, '면목(面目)'은 얼굴의 생김새나 남을 대할 만한 체면을 의미한다.

3 영욱

'제목(題目)'은 글이나 강연 등에 붙이는 이름을 의미하므로, 마라톤을 완주하겠다는 친구의 목표를 듣고 감탄하는 말과 어울리지 않는다. '제목'이 아닌 '의지', '결심' 등의 어휘가 적절하다.

4 목록

장을 보러 가서 살 물건의 이름을 나열한 것이므로, 빈칸에 어떤 물품의 이름을 일정한 순서로 적은 것이라는 뜻의 '목록(目錄)'이 알맞다.

글 쓰며 표현力 높여요

본문 37쪽

예시 저는 꿈속에서 사람들의 이목을 끄는 의상을 입고, 신나는 노래를 부르고 있었어요. 그해 인기가요 목록에서 상위권을 차지한 노래를 관객들과 하나가 된 것처럼 함께 불렀지요.

믿을 신(信)

‘믿을 신(信)’이 들어간 어휘

본문 39쪽

1 믿었던 친구들까지 나를 [배신]해서 슬펐습니다.
2 약속을 잘 지키는 사람은 다른 사람에게 [신뢰]을/를 줄 수 있습니다.
3 횡단보도에서는 [신호등]이/가 녹색등으로 바뀌면 좌우를 살핀 후 건넙니다.
4 이태영은 인간은 모두 법 앞에서 평등해야 한다고 생각했고, 이 [신념]을/를 지키려고 평생 노력했습니다.

문제로 어휘力 높여요

본문 40쪽

1 신념

두 문장의 밑줄 친 곳에 모두 굳게 믿는 마음을 뜻하는 어휘가 들어가야 하므로 ‘신념(信念)’이 알맞다. ‘수신(受信)’은 우편물이나 통신을 받는 것을, ‘불신(不信)’은 믿지 못하거나 않음을, ‘발신(發信)’은 소식이나 우편을 보내는 것을 의미한다.

2 신호등

빨간 불, 노란 불, 파란 불이 켜지면서 도로 위에서 안내한다고 하였으므로, 이 수수께끼의 답은 건널목이나 횡단보도에서 자동차나 사람의 통행을 통제하는 전기 불빛 장치인 ‘신호등(信號燈)’이 알맞다.

3 배신하다

우정을 저버리고 혼자 집에 갔다고 하였으므로 ‘믿음이나 의리를 저버리다.’라는 의미의 ‘배신(背信)하다’가 알맞다. ‘신임(信任)하다’는 ‘믿고 일을 맡기다.’라는 의미이고, ‘배려(配慮)하다’는 ‘도와주거나 보살펴 주려고 마음을 쓰다.’라는 의미이다.

4 신중하다

‘믿을 신(信)’이 쓰인 어휘는 ‘신뢰(信賴)하다’, ‘확신(確信)하다’와 같이 그 뜻이 ‘믿다’와 관련이 있다. ‘신중(愼重)하다’는 ‘매우 조심스럽다.’를 뜻하며, ‘삼갈 신(愼)’이 쓰인다.

글 쓰며 표현力 높여요

본문 41쪽

예시 저는 다영이와 제일 친해요. 다영이는 어떤 순간에도 저를 절대 배신하지 않거든요. 다영이를 생각하면서, “친구란, 마음속 깊이 신뢰할 수 있는 사람이다!”라는 명언을 만들었어요.

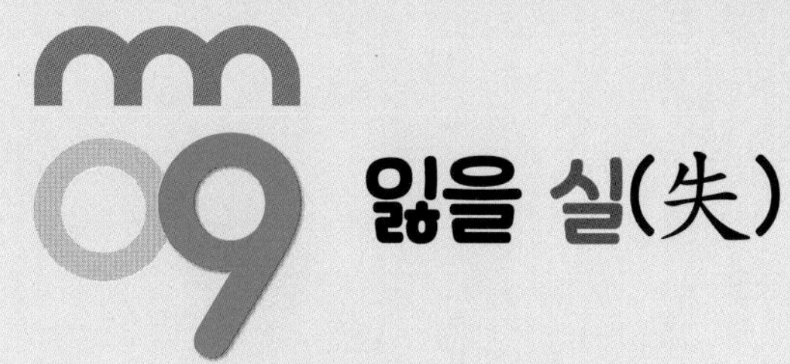

09 잃을 실(失)

‘잃을 실(失)’이 들어간 어휘

본문 43쪽

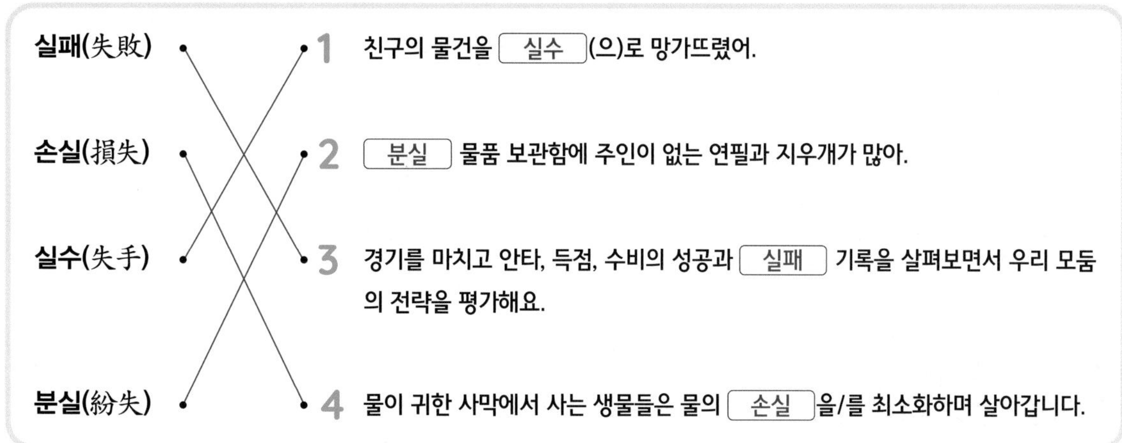

문제로 어휘力 높여요

본문 44쪽

1 실수

두 문장 모두 조심하지 아니하여 잘못한 상황과 관련된 내용이므로, 밑줄 친 곳에 들어갈 어휘로 ‘실수(失手)’가 알맞다.

2 실패

‘실패’는 ‘잃을 실(失)’과 ‘패할 패(敗)’로 이루어진 어휘로, 뜻한 대로 되지 아니하거나 그르침을 의미한다.

3 1 실례 2 손실

1 길을 물어보기 위해 잠시 양해를 구하는 내용의 문장이므로, 빈칸에 ‘실례(失禮)’가 알맞다.

2 큰 비가 내려 옥상의 물건들에 손해를 봤다는 내용의 문장이므로, 빈칸에 ‘손실(損失)’이 알맞다.

4 분실

잃어버린 목걸이를 찾기 위해 올린 글이므로, 빈칸에 알맞은 어휘는 자기도 모르는 사이에 물건을 잃어버림을 뜻하는 ‘분실(紛失)’이다.

글 쓰며 표현力 높여요

본문 45쪽

예시 선생님, 저 나영이에요. 선생님께서 빌려주신 호루라기를 실수로 잃어버리고 말았어요. 정말 죄송합니다. 대신 이번 경기에서 좋은 결과를 내어, 선생님을 기쁘게 해 드리겠습니다. 그리고 분실된 호루라기를 대신하여, 저의 큰 목소리로 선생님의 호루라기가 되어 드리겠습니다!

10 이룰 성(成)

● '이룰 성(成)'이 들어간 어휘

본문 47쪽

1 참석자의 반이 넘는 수가 [찬성]하는 것으로 주제를 정하겠습니다.

2 제빵사 체험관 선생님께서 알려주시는 대로 따라 해서 빵을 [완성]했다.

3 소금 덩어리를 바위나 돌에 빗대어, 흙의 [생성] 과정을 이야기해 봅시다.

4 바위에 새긴 그림은 사냥과 고기잡이의 [성공]을 바라는 마음이 담겨 있다.

문제로 어휘力 높여요

본문 48쪽

1 목적하는 바를 이룸.

2 ㉡

'생성(生成)'은 '사물이 생겨남. 또는 사물이 생겨 이루어지게 함.'이라는 뜻을 지닌 어휘이다. ㉠과 ㉢은 모두 전기 에너지나 구름과 같은 새로운 것이 생겨나는 현상과 관련된 내용이므로 '생성'이 알맞다. 그러나 ㉡은 낱말 퍼즐의 빈칸을 채워 넣어 완전한 형태를 갖춘다는 내용이므로, '생성'이 아닌 '완성(完成)'이 알맞다.

3 찬성

현진이가 제안한 점심 식사 메뉴를 영은이가 좋다고 생각하여 수긍하고 있으므로 '찬성(贊成)'이 알맞다. '동정(同情)'은 남의 어려운 처지를 자기 일처럼 딱하고 가엾게 여김을, '찬양(讚揚)'은 아름답고 훌륭함을 크게 기리고 드러냄을, '성취(成就)'는 목적한 바를 이룸을 뜻한다.

4 ①

완전히 다 이룸을 뜻하는 어휘는 '완성(완전할 完, 이룰 成)'이고, 지식이나 기능 등을 평가한 결과를 뜻하는 어휘는 '성적(이룰 成, 길쌈할 績)'이다. 따라서 빈칸에 공통으로 들어갈 글자는 '성(成)'이다.

글 쓰며 표현力 높여요

본문 49쪽

예시 음, 난 네 의견에 찬성하지 않아. 요즘 앞 글자만 모아 합성하는 줄임 말이 유행인데, 나는 세종대왕이 어렵게 완성하신 한글을 함부로 쓰는 것 같아서 내키지 않더라고.

독해 / 놀이

독해로 마무리해요

본문 50쪽

1 가로수

이 글은 선생님이 주말에 무엇을 했냐는 질문에 대하여 가족과 함께 풍경이 아주 멋진 가로수 길에 차를 타고 놀러 간 일을 들려주고 있다.

2 승하

점심 식사 예약 시간 전에 도착하는 것이 목표라고 하였는데, 제시간에 성공적으로 도착하였다고 했다.

놀이로 정리해요

본문 51쪽

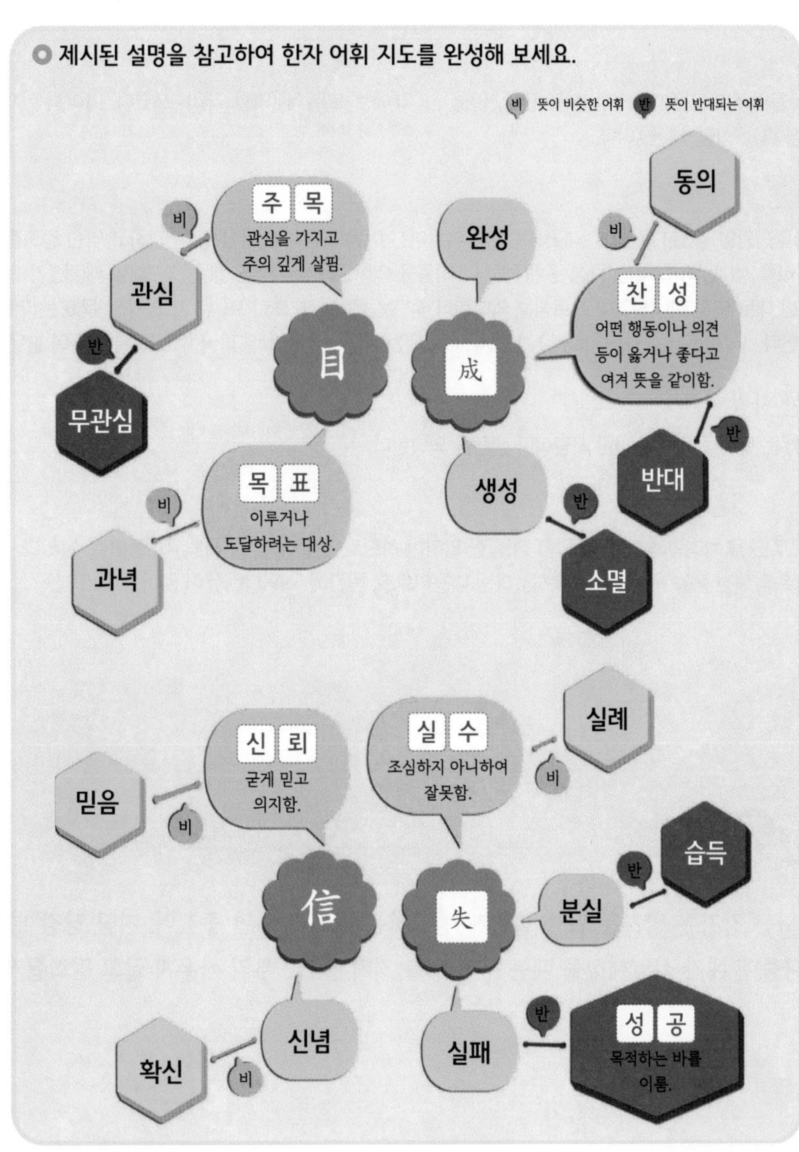

11 약할 약(弱)

‘약할 약(弱)’이 들어간 어휘

본문 53쪽

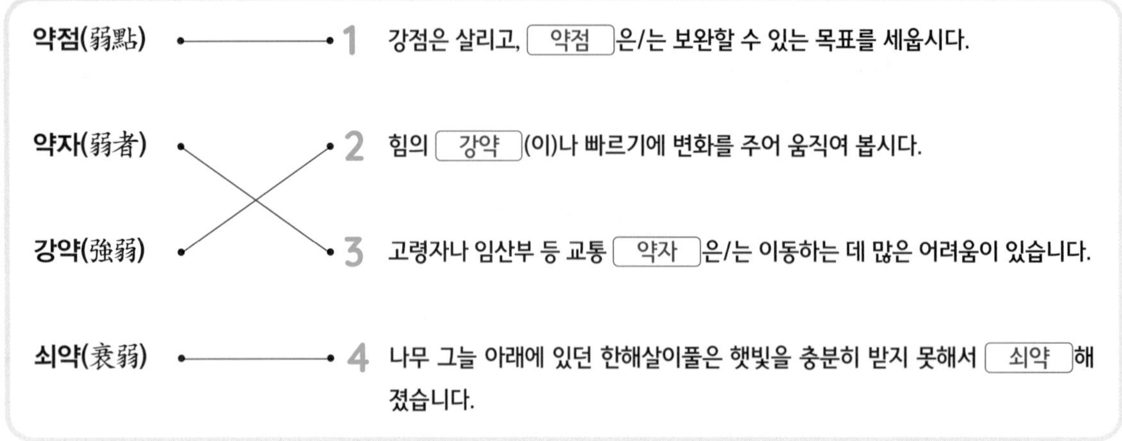
약점(弱點) — 1 강점은 살리고, [약점]은/는 보완할 수 있는 목표를 세웁시다.

약자(弱者) — 3 고령자나 임산부 등 교통 [약자]은/는 이동하는 데 많은 어려움이 있습니다.

강약(強弱) — 2 힘의 [강약](이)나 빠르기에 변화를 주어 움직여 봅시다.

쇠약(衰弱) — 4 나무 그늘 아래에 있던 한해살이풀은 햇빛을 충분히 받지 못해서 [쇠약]해졌습니다.

문제로 어휘力 높여요

본문 54쪽

1 弱

‘약하다’는 힘의 정도가 작다를 의미하는 말로, 밑줄 친 ‘약’에는 모두 ‘弱(약할 약)’이 쓰였다. 나머지 한자는 차례대로 ‘강할 강(強)’, ‘점 점(點)’, ‘쇠할 쇠(衰)’이다.

2 ①

‘강약(強弱)’은 ‘강할 강(強)’과 ‘약할 약(弱)’이 합쳐 이루어진 어휘로 강하고 약함, 또는 강하고 약한 정도를 의미한다. ② ‘완전할 완(完)’과 ‘이룰 성(成)’이 합쳐진 ‘완성’은 완전히 다 이룸을 의미한다. ③ ‘잃을 실(失)’과 ‘패할 패(敗)’가 합쳐진 ‘실패’는 일을 잘못하여 뜻한 대로 되지 아니하거나 그르침을 의미한다. ④ ‘눈 목(目)’과 ‘표할 표(標)’가 합쳐진 ‘목표’는 어떤 목적을 이루려는 대상을 의미한다. ⑤ ‘길 도(道)’와 ‘길 로(路)’가 합쳐진 ‘도로’는 사람, 차 등이 잘 다닐 수 있도록 만들어 놓은 넓은 길을 의미한다.

3 힘이 약한 사람

‘약자(弱者)’는 힘이나 세력이 약한 사람이나 생물을 의미한다.

4 1 약점 2 쇠약

1 빈 곳으로 공을 차려면 상대 팀의 약한 점을 잘 알아야 하므로, 빈칸에 ‘약점(弱點)’이 들어갈 수 있다.

2 병치레로 약해진 몸을 운동으로 회복하겠다는 내용이므로, 빈칸에 ‘쇠약(衰弱)’이 들어갈 수 있다.

글 쓰며 표현力 높여요

본문 55쪽

예시 친구야, 나는 강자든 약자든 함께 즐겁게 생활하는 교실이 되면 좋겠어. 지금 당장 나보다 약하다고 괴롭히면 나중에 네가 쇠약해졌을 때는 누가 너를 지켜 줄까? 우리 싸우지 말고 평화롭게 지내 보자.

12 몸 체(體)

'몸 체(體)'가 들어간 어휘

본문 57쪽

1 여러 명이 모인 [단체] 대화방에서 의견을 주고받아요.

2 민속 박물관에서는 옛날의 명절 모습을 [체험]할 수 있습니다.

3 물과 흙은 지구에 살고 있는 수많은 [생명체]에게 매우 중요합니다.

4 담는 그릇에 관계없이 모양이 변하지 않는 물질의 상태를 [고체](이)라고 합니다.

문제로 어휘力 높여요

본문 58쪽

1 體

밑줄 친 '몸'을 뜻하는 한자는 '體(몸 체)'이다. 다른 한자들은 '心(마음 심)', '信(믿을 신)', '日(날 일)'이다.

2 체험한

'직접 겪은' 것과 의미가 통해야 하므로, 자기가 직접 겪음을 의미하는 '체험(體驗)한'이 적절하다. '상상(想像)'은 '실제로 경험하지 않은 현상이나 사물에 대하여 마음속으로 그려 봄.'을 의미한다.

3 ㉠

'고체(固體)'는 일정한 모양이 있으면서 모양이나 형태가 쉽게 변하지 않는 물질의 상태를 말한다. 물은 액체, 공기는 기체이며, 온도도 고체에 해당하지 않는다. 고체에 해당하는 것은 ㉠의 돌이다.

4 1 단체 2 생명체

1 '단체'는 '둥글 단(團)'과 '몸 체(體)'로 이루어진 어휘로, 여러 사람이 모여서 이루어진 모임을 의미한다.

2 '생명체'는 '날 생(生)', '목숨 명(命)', '몸 체(體)'로 이루어진 어휘로, 생명이 있는 물체를 의미한다.

글 쓰며 표현力 높여요

본문 59쪽

예시 친구네 가족들과 함께 놀이공원에 가는 것은 어때요? 단체로 가면 할인도 해 주고 다 같이 체험할 수 있는 활동도 더 많을 거예요.

13 바람 풍(風)

○ '바람 풍(風)'이 들어간 어휘

본문 61쪽

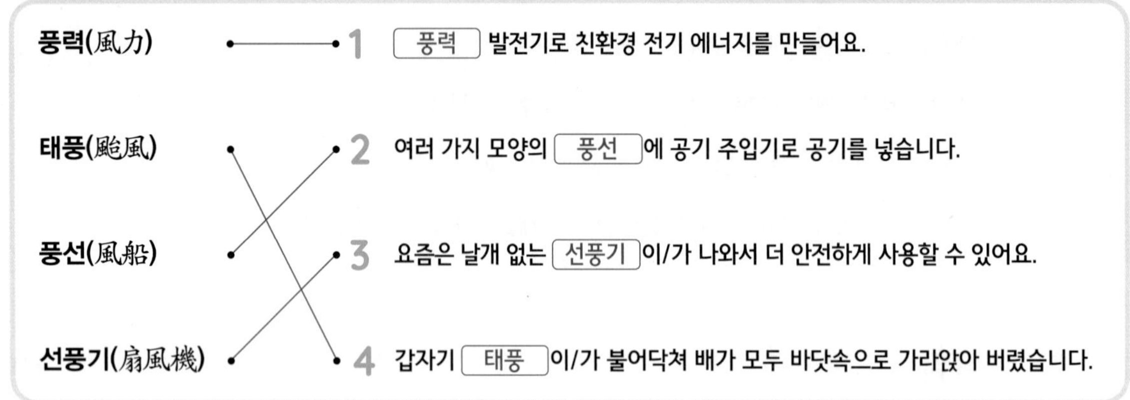

문제로 어휘力 높여요

본문 62쪽

1 풍선

제시된 글로 미루어 볼 때 빈칸에 해당하는 물체는 공기를 넣을 수 있고, 공기가 들어가면 부피가 부풀어 오르는 특징을 지녔다. 따라서 빈칸에는 '풍선(風船)'이 들어갈 수 있다.

2 풍력

바람[風]의 힘[力]을 이용한다고 했으므로, '풍력(風力)'과 바꾸어 쓸 수 있다.

3 ③

'동풍(東風)'은 동쪽에서 부는 바람을 의미하고, '돌풍(突風)'은 갑자기 세게 부는 바람을 의미한다. 따라서 밑줄 친 '풍'의 공통된 뜻은 '바람'이다.

4 1 선풍기 2 태풍

1 마트에서 진행하는 여름 할인 행사의 대상이 될 물건이 들어가야 하므로, 빈칸에는 전동기로 바람을 일으키는 기계인 '선풍기(扇風機)'가 들어갈 수 있다.

2 사람들이 안전을 위해 피해야 하는 상황이므로, 빈칸에는 큰 비를 내리며 부는 매우 센 바람인 '태풍(颱風)'이 들어갈 수 있다.

글 쓰며 표현力 높여요

본문 63쪽

예시 풍력 발전소 부근에 강풍과 돌풍이 불어 주민들의 피해가 예상됩니다. 태풍 피해를 줄이기 위해 해안가에 계신 주민들은 안전한 곳으로 대피해 주시기 바랍니다.

14 돌이킬 반(反)

◎ '돌이킬 반(反)'이 들어간 어휘

본문 65쪽

1 정직하지 못했던 경험을 떠올리며 [반성]해 봅시다.

2 주장에 대한 근거를 제시하면서 [찬반] 의견을 말해 봅시다.

3 빠르게 걷기와 천천히 걷기를 [반복]하며 오래 걷다 보면 체력이 좋아져요.

4 도로변에 세운 방음벽은 도로에서 생기는 소리를 [반사]해 주택가로 전달되는 소음을 줄입니다.

문제로 어휘力 높여요

본문 66쪽

1 반복

제시된 문장은 모두 꾸준히 되풀이하는 것과 관계된 내용으로, 빈칸에는 공통으로 '반복(反復)'이 들어갈 수 있다.

2 ㉠

'반(反)'은 '돌이키다', '돌아오다'를 의미한다. 그러나 ㉠에 쓰인 '반'은 학년을 학급으로 나눈 단위로서 '나눌 반(班)'을 쓴다. ㉡은 과거의 어느 때를 '돌이켜' 생각해 보았다고 하였고, ㉢은 학교에서 집으로 '돌아오다'라고 하였으므로, '돌이킬 반(反)'의 의미로 쓰였다.

3 ⑤

서로 반대되는 뜻의 한자로 이루어진 어휘는 '찬반(贊反)'으로, 찬성과 반대를 의미한다. ① '셈할 계(計)'와 '셈할 산(算)'이 합쳐진 '계산'은 수를 헤아림을 의미한다. ② '특별할 특(特)'과 '다를 별(別)'이 합쳐진 '특별'은 보통과 구별되게 다름을 의미한다. ③ '빛 광(光)'과 '돌아올 복(復)'이 합쳐진 '광복'은 빼앗긴 주권을 도로 찾음을 의미한다. ④ '나눌 분(分)'과 '밝을 명(明)'이 합쳐진 '분명'은 틀림없이 확실함을 의미한다.

4 1 반사 2 반성

1 거울이 물체의 모습을 비추는 상황이므로 빛의 파동이 반대로 바뀐다는 의미로 '반사(反射)'가 들어갈 수 있다.

2 학급에서 협동할 때의 모습을 되돌아보면서 잘한 점 혹은 잘못이나 부족함이 없는지 돌이켜 본다는 의미로 '반성(反省)'이 들어갈 수 있다.

글 쓰며 표현力 높여요

본문 67쪽

예시 쓰레기를 쓰레기통에 정확히 넣지 않고 주변에 흘리는 사람들이 많은 것 같습니다. 쓰레기통 앞에 거울을 붙여 쓰레기를 버리는 자신의 모습이 반사되게 하는 것은 어떨까요? 찬반 토론으로 결정합시다.

15 근본 본(本)

○ '근본 본(本)'이 들어간 어휘

본문 69쪽

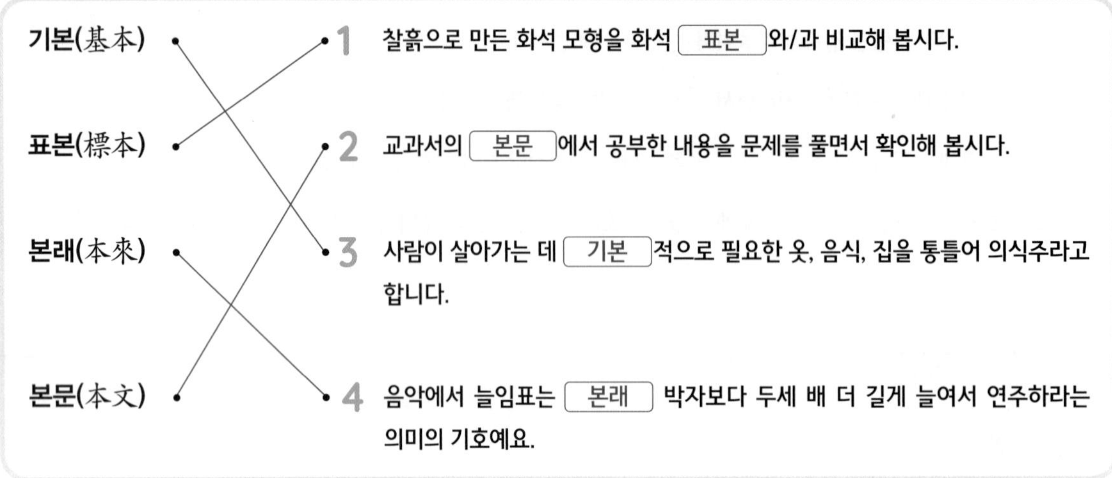

문제로 어휘力 높여요

본문 70쪽

1 木(나무 목), 근본

2 ⑤
두 문장 모두 게임이나 운동을 하기 위해 '바탕이 되는' 기능과 동작을 익힌다는 내용이다.

3 표본
본보기로 삼을 만한 것을 '표본(標本)'이라고도 한다.

4 1 본문 2 본래
1 문서에서 기본이 되는 글을 읽고 물음에 답하라는 내용이므로, 빈칸에는 '본문(本文)'이 들어갈 수 있다.
2 찌그러진 공이 원래의 상태로 돌아왔다는 내용이므로, 빈칸에는 '본래(本來)'가 들어갈 수 있다.

글 쓰며 표현力 높여요

본문 71쪽

예시 국민들의 독립 운동으로 나라를 되찾은 표본이 주변에 많습니다. 모두 함께 독립 운동에 참여하여 우리의 땅을 되찾고 우리 민족의 기본을 지킵시다.

11~15 독해 / 놀이

독해로 마무리해요

본문 72쪽

1 에너지

이 글은 환경 오염 문제에 대한 반성으로 세계 여러 나라에서 개발되고 있는 새로운 에너지에 대해 설명하고 있다.

2 1 ○ 2 X

1 태양광과 풍력 에너지는 기본적으로 날씨의 영향을 받기 때문에 전기가 계속 생산되기 어렵다고 하였다.

2 남는 전기는 다른 지역에 팔고, 부족한 전기는 다른 지역에서 사 오는 방법으로 에너지 생산과 소비의 강약을 조절한다고 하였다.

놀이로 정리해요

본문 73쪽

◎ 뜻풀이에 해당하는 어휘 칸을 색칠하여, 원주민 마을에 들어갈 수 있는 암호를 맞혀 보세요.

강약 (強弱)	기본 (基本)	단체 (團體)	태풍 (颱風)	반복 (反復)
반성 (反省)	풍선 (風船)	전후 (前後)	본문 (本文)	인간 (人間)
풍력 (風力)	선풍기 (扇風機)	쇠약 (衰弱)	세상 (世上)	입원 (入院)
찬반 (贊反)	본래 (本來)	좌우 (左右)	반사 (反射)	상하 (上下)
약자 (弱者)	생명체 (生命體)	표본 (標本)	체험 (體驗)	약점 (弱點)

16 자리 석(席)

‘자리 석(席)’이 들어간 어휘

본문 75쪽

1 진수는 어제 [결석]해서 알림장을 적지 못했습니다.

2 오늘 공연에 [참석]하기로 한 사람들은 모두 왔나요?

3 아저씨는 아코디언을 가져와 [즉석]에서 곡을 연주했어요.

4 영화관 한 [좌석]에 관람용 안경을 1개씩 준비하려고 합니다.

문제로 어휘力 높여요

본문 76쪽

1 席

‘자리’라는 뜻을 가진 한자는 ‘席(자리 석)’이다. 나머지 한자는 ‘光(빛 광)’, ‘信(믿을 신)’, ‘本(근본 본)’이다.

2 즉석

사진은 찍은 자리에서 곧바로 인화되어 나오고, 떡볶이는 주문과 동시에 바로 만들어진다고 했으므로 빈칸에는 일이 그 자리에서 바로 진행됨을 의미하는 ‘즉석(卽席)’이 들어갈 수 있다.

3 ㉢

의자가 딱딱해서 푹신한 물건을 가져가려고 한다는 의미이므로 ‘좌석(座席)’이 아닌 ‘방석(方席)’이 알맞다.

4 라영은

‘결석(缺席)’은 나가야 할 자리에 나가지 않음을 의미하는 어휘로, 수업이나 모임 등에 참석하는 ‘출석(出席)’의 의미와 반대의 뜻을 지닌다. 다른 학생들과 달리 ‘라영은’에게만 X로 표시가 된 것으로 보아, 오늘 결석한 사람이 ‘라영은’임을 알 수 있다.

글 쓰며 표현力 높여요

본문 77쪽

예시 할머니, 친구들과 함께 놀이공원에 다녀왔어요. 놀이공원에서 친구들과 즉석 사진도 찍고, 선물로 방석도 받았어요. 다음에 할머니를 뵈러 가면 그날 찍었던 사진을 보여 드릴게요!

17 옮길 운(運)

'옮길 운(運)'이 들어간 어휘

본문 79쪽

운동(運動) — 2
운영(運營) — 1
운반(運搬) — 3
운항(運航) — 4

1 항구 근처에서 식당이나 숙박 시설을 [운영]하기도 합니다.

2 내 체력에 알맞은 [운동]을 선택하여 꾸준히 하는 것이 중요합니다.

3 옷을 만들고 [운반]하며 이용한 뒤 버리는 과정에는 여러 자원이 사용됩니다.

4 풍랑 주의보가 내려졌을 때는 바다에 나가는 것이 위험하므로 배를 [운항]할 수 없습니다.

문제로 어휘力 높여요

본문 80쪽

1 운반
개미가 음식 부스러기를 옮긴다고 하였으므로 물건을 옮겨 나른다는 의미의 '운반(運搬)'이 알맞다. '운전(運轉)'은 차나 기계를 움직이고 조정하는 것을, '운용(運用)'은 물건이나 제도 등을 알맞게 사용하는 것을, '운행(運行)'은 차나 배 등이 정해진 길을 따라 다니는 것을 의미한다.

2 ②
제시된 문장에서 '운동(運動)'은 수영, 축구, 태권도, 테니스 등과 같이 건강을 위하여 몸을 움직이는 일을 의미한다. '독서(讀書)'는 건강을 목적으로 몸을 움직이는 일이 아니므로 운동에 해당하지 않는다.

3 운영
두 문장은 각각 문구점과 마음의 소리함을 관리한다는 내용이므로 빈칸에 공통으로 들어갈 어휘는 '운영(運營)'이다.

4 운항
제시된 표는 노선에 따른 비행기의 출발과 도착 시간을 알려 주고 있으므로, 빈칸에는 배나 비행기가 정해진 항로나 목적지를 오고 감을 의미하는 '운항(運航)'이 알맞다.

글 쓰며 표현力 높여요

본문 81쪽

예시 물건들이 제 위치에 잘 운반될 수 있도록 물건들을 잘 분류해 놓을게요. 그리고 운동한다는 생각으로 가벼운 짐들은 직접 나르고 싶어요.

18 정할 정(定)

‘정할 정(定)’이 들어간 어휘

본문 83쪽

1 구멍이 있는 단추를 실로 묶어 단단하게 [고정]합니다.

2 친구들과 의견을 모아 함께 읽고 싶은 책을 [결정]합니다.

3 저울을 사용하면 물체의 무게를 정확하게 [측정]할 수 있습니다.

4 우리 주변에는 [긍정적]인 태도로 어려움을 이겨 낸 사람들이 많습니다.

문제로 어휘力 높여요

본문 84쪽

1 측정

두 문장 모두 기계를 사용하여 체온이나 몸무게를 재는 내용이므로 밑줄 친 곳에는 ‘측정(測定)’이 들어갈 수 있다.

2 결정

‘다짐’은 마음을 굳게 가다듬어 정함을 의미하는 어휘로, 행동이나 태도를 분명하게 정함을 의미하는 ‘결정(決定)’과 바꾸어 쓸 수 있다. ‘인정(認定)’은 어떤 가치나 사실을 옳다고 여겨 받아들임을, ‘가정(假定)’은 임시로 정함을, ‘결말(結末)’은 어떤 일이나 이야기의 마지막을 뜻한다.

3 고정

어떤 것에 대한 생각이 굳어져 잘 바뀌지 않는 관념을 ‘고정 관념’이라고 한다.

4 남렬

‘긍정적(肯定的)’은 좋다고 할 만한 것 또는 이롭다고 볼 만한 것이라는 의미이다. 남렬이는 비가 내려서 좋은 점을 말하고 있으므로 비 오는 상황을 긍정적으로 바라보고 있음을 알 수 있다. 반면 경호는 비가 내려서 우울한 기분을 말하고 있으므로 상황을 ‘부정적(否定的)’으로 바라보고 있다.

글 쓰며 표현力 높여요

본문 85쪽

예시 저는 토마토를 키우기로 결정했어요. 토마토 줄기가 위로 뻗을 수 있도록 지지대에 고정해 줄 거예요.

19 모을 집(集)

'모을 집(集)'이 들어간 어휘

본문 87쪽

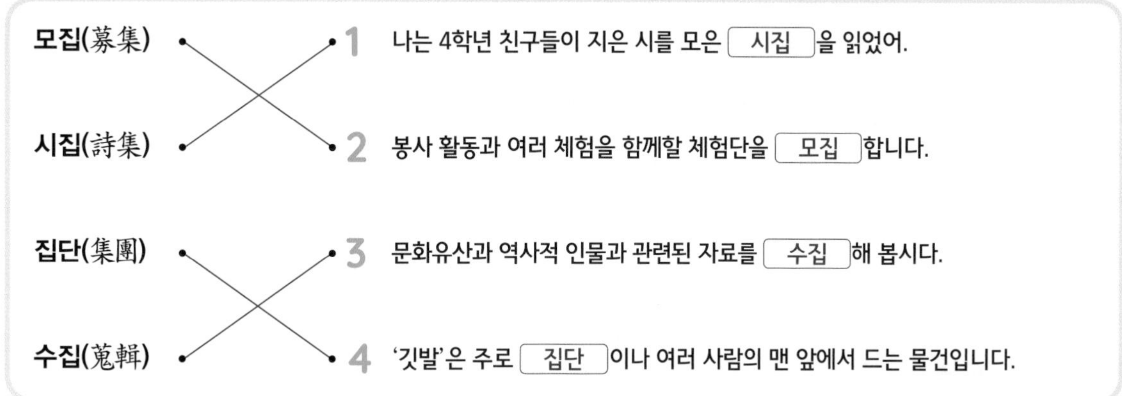

문제로 어휘力 높여요

본문 88쪽

1 모집

숲을 사랑하는 마음으로 봉사할 어린이를 뽑아 모은다는 내용이므로 빈칸에는 '모집(募集)'이 들어갈 수 있다. '모금(募金)'은 기부금이나 성금 등을 모음을, '채집(採集)'은 무엇을 잡거나 캐거나 찾아서 모음을, '고집(固執)'은 자기의 생각이나 주장을 내세우거나 굽히지 않음을 의미한다.

2 수집해서

취미로 단풍잎을 모은다고 했으므로 취미나 연구를 위하여 여러 가지 물건이나 재료를 찾아 모은다는 뜻의 '수집(蒐集)해서'와 바꾸어 쓸 수 있다. '소집(召集)'은 단체의 구성원을 불러서 모은다는 의미이다.

3 ①

무리를 지어 생활한다고 했으므로, 빈칸에는 여럿이 모여 이룬 모임을 의미하는 '집단(集團)'이 알맞다. ② '집착(執着)'은 어떤 것에 마음이 쏠려 잊지 못하고 매달림을, ③ '집중(集中)'은 한군데에 모이거나 어떤 일에 정신을 모음을, ④ '집회(集會)'는 어떤 목적을 위해 사람들이 일시적으로 모이는 것을, ⑤ '집계(集計)'는 모아서 계산함을 의미한다.

4 시집

여러 편의 시를 모아 엮은 책의 목차이므로 빈칸에는 '시집(詩集)'이 들어갈 수 있다.

글 쓰며 표현力 높여요

본문 89쪽

예시 저는 바닷가로 가서 조개껍데기를 수집해 올 생각이에요. 그리고 조개껍데기를 보고 떠오르는 내용을 시로 써서 나만의 특별한 시집을 만들어 보고 싶어요.

20 다닐 행(行)

● '다닐 행(行)'이 들어간 어휘

본문 91쪽

1 기차를 타고 가족 [여행]을 다녀왔습니다.

2 민서의 말이나 [행동]에 나타난 마음을 짐작해 봅시다.

3 태양계 [행성] 중에서 가장 작은 것은 수성이고, 가장 큰 것은 목성입니다.

4 인공위성은 지구 주변을 도는 [비행] 물체로 날씨, 위치 등 다양한 정보를 알려 줍니다.

문제로 어휘力 높여요

본문 92쪽

1 행성

지구가 해당된다는 점과 우주 망원경을 통해 관측되는 지구 밖의 대상이라는 점을 모두 만족하는 어휘는 태양의 둘레를 도는 별을 의미하는 '행성(行星)'이다. '혜성(彗星)'은 긴 꼬리를 달고 태양을 중심으로 타원형을 그리면서 움직이는 별을, '유성(流星)'은 우주 공간에서 지구로 떨어지면서 공기에 부딪쳐 빛을 내는 단단한 물체를 의미한다. '위성(衛星)'은 행성의 주위를 도는 작은 천체 또는 인공위성을 줄인 말이다.

2 비행

꿀벌, 독수리, 잠자리, 날다람쥐는 모두 공중으로 날아가거나 날아다니는 '비행(飛行)'을 할 수 있다.

3 여행

대답 내용을 보면 집을 떠나 제주도, 파리, 춘천 등에 가서 놀다 온 일과 관련 있는 질문임을 알 수 있다. 따라서 빈칸에는 집을 떠나 이곳저곳을 두루 구경하며 다니는 일을 의미하는 '여행(旅行)'이 들어갈 수 있다.

4 ㉢

㉢의 '행운(幸運)'은 좋은 운수를 의미하며 '幸(다행 행)' 자가 쓰인다. '진행(進行)'은 앞으로 나아가거나 어떤 일을 해 나가는 것을, '행동(行動)'은 몸을 움직여 동작을 하거나 어떤 일을 하는 것을 의미하며 모두 '行(다닐 행)' 자가 쓰인다.

글 쓰며 표현力 높여요

본문 93쪽

예시 나는 이번 수학여행으로 천문대에 가 보고 싶어. 과학 시간에 배운 행성을 망원경으로 직접 볼 수도 있고, 작게 만들어 놓은 모형을 구경할 수도 있다.

16~20 독해 / 놀이

독해로 마무리해요

본문 94쪽

1 ④

각 행성에서 열리는 공연에 갈 수 있다는 의미이므로, 빈칸에는 어떤 자리에 참여함을 뜻하는 '참석(參席)'이 들어갈 수 있다. ① '참견(參見)'은 자기와 별로 관계없는 일에 끼어드는 것, ② '참고(參考)'는 살펴서 생각하는 것, ③ '불참(不參)'은 어떤 자리에 참가하지 않는 것, ⑤ '결석(缺席)'은 나가야 할 자리에 나가지 않는 것을 의미한다.

2 ④

비행하는 동안에는 안전띠로 몸을 고정하고 좌석에 앉아 돌발 행동을 삼가 달라고 하였으므로, 비행하는 동안 뛰어다닐 수 없음을 알 수 있다.

놀이로 정리해요

본문 95쪽

급수 시험 맛보기

본문 96~97쪽

1

1 ②

① 路 ③ 弱 ④ 席

2 ③

① 光 ② 目 ④ 明

2

1 ①

② 바람 풍 ③ 모을 집 ④ 돌이킬 반

2 ④

① 옮길 운 ② 이룰 성 ③ 믿을 신

3

1 ②

高(높을 고) + 原(언덕 원): 해발 고도 600미터 이상인 높은 산지에 있는 넓은 벌판.

2 ③

光(빛 광) + 復(돌아올 복): 빼앗긴 주권을 도로 찾음.

4

1 ④

強(강할 강) + 弱(약할 약): 강하고 약함.

2 ③

決(결정할 결) + 定(정할 정): 행동이나 태도를 분명하게 정함.

5

1 ④

道(길 도) + 路(길 로): 사람, 차 등이 잘 다닐 수 있도록 만들어 놓은 비교적 넓은 길.

2 ②

本(근본 본) + 來(올 래): 사물이 생긴 처음.

6 ①

② 수집 ③ 모집 ④ 시인

7 ④

'失敗(실패: 뜻한 대로 되지 아니하거나 그르침.)'와 뜻이 반대인 어휘는 '成功(성공: 목적하는 바를 이룸.)'이다.

① 손실 ② 생성 ③ 실수

8 ③

- 固(굳을 고) + 體(몸 체): 일정한 모양이 있어 쉽게 변하지 않는 물질의 상태.
- 體(몸 체) + 驗(시험 험): 자기가 직접 겪음.
- 生(날 생) + 命(목숨 명) + 體(몸 체): 생명이 있는 물체.

① 높을 고 ② 정할 정 ④ 믿을 신